人相統御學13

盧尚大師談風水
住家形局和禍福

◎作者　盧尚

盧尚大師談風水
住家形局和禍福
目錄

第二篇　積德精勤　補運改命

目錄

第四篇　創造出事業興旺的好風水　239

第五篇　懂得趨吉避凶，逆勢中也能順流　279

第六篇　看國運官場風生水起與運勢　317

第七篇　地域風水解析　345

目錄

【作者序】

風水世間閑法　精處亦見三昧

紫白輪飛轉九星
玄秘千載顯威靈
善調理氣明造化
福祿錦綉映門庭

相宅凡四十年，登門入戶逾千。總堪形局理勢，細察隔間配置。遇扞格者化之，不動椽樑。逢困滯者紓之，無改堂屋。奧義行門閎深，庸近罔詮。趨吉避凶之道，厥在其中。

半世紀來，量子物理成為顯學，精論垂布寰宇，廣入智識方域。以能量漩渦解構世間心物，一鳶獨飛，高不可攀。對照老子「天下萬物生於有，有生於無」，開慧眼觀道體之言，「道之為物，惟恍惟惚。惚兮恍兮，其中有象，其象無形，其中有物」。神而明之，直卻關鑰。二者淵致，其相若也。足見人類於究悟實相真理之路，古今如一。

堪輿學談氣，如葬經曰，山川有靈而無主，骨骸有主而無靈；葬其骨，納其氣，蔭其子孫。邏輯迂迴不失周延，唯氣之希夷隱現，宛似量子出沒，驗證之難，固其餘事。至若宅居鑑測，觀形局察理氣，順形調氣乃秘旨要訣，見功常在邇近。陰陽宅繁簡有別，不可不知。

筆耕歲月漫悠長，風水生涯入世深。長期撰寫專欄，集文束章成冊，迄今已第五本。距一九九一年『房地風水致富』，時隔卅年。汲深綆短，筆路蒼茫，行文至此，韜晦頓解。是為序。

盧尚

二〇二一辛丑年端月於台北

風水世間閑法　精處亦見三昧

盧尚

紫白輪飛轉九星
玄秘千載顯威靈
善調理氣明造化
福祿錦綉映門庭

相宅凡四十年，登門入戶逾千。總堪形局理勢，細察隔間配置。遇扞格者化之，不動椽樑。逢困滯者紓之，無毀堂屋。奧義行門閎深，庸近周詮。趨吉避凶之道，厥在其中。

半世紀來，量子物理成為顯學，精論垂布環宇，廣入智識方域。以能量漩渦解構世間心物，一鳶獨飛，高不可攀。對照老子天下萬物生於有，有生於無，開慧眼觀道體之言，道之為物，惟恍惟惚。惚兮恍兮，其中有象，其象無形，其中有物」。神而明之，直却關鑰。二者淵致，其相若也。足見人類於究悟實相真理之路，古今如一。

堪輿學談氣，如葬經曰，山川有靈而無主，骨骸有主而無靈；葬其骨，納其氣，蔭其子孫。邏輯迂迴不失周延，唯氣之希夷隱現，宛似量子出沒，驗証之難，固其餘事。至若宅居鑑測，觀形局察理氣，順形調氣乃秘旨要訣，見功常在遍近。陰陽宅繁簡有別，不可不知。

筆耕歲月漫悠長，風水生涯入世深。長期撰寫專欄，集文束章成冊，迄今已第五本。距一九九一年房地風水致富，時隔卅年。汲深綆短，筆路蒼茫，行文至此，韜晦頓解。是為序。

2021 辛丑年 端月 於台北

©加新

25格x24行=600字

第一篇

創造善巧的建築居家風水

世界係由時間與空間構成，時間有久暫，空間分大小；莊子說：「至大無外，至小無內」。是介於二者之間的一切空處，乃皆為氣所充塞。

氣之為用大矣！人既稟天地之氣而生長、存續，則空間的妥善配置，即為氣的有效應用。此於人的生存發展，包括健康、財富，均有莫大影響。

1 眾說紛紜，財位究竟在何處？

所謂財位，乃指財星所配置的卦位。譬如，坐南朝北之宅，其財位在東北角；坐西朝東之宅，主財位在西北。每一種坐向的屋宅，都有一個相應的卦位作為財位，而非模糊籠統的以對角處為財位。

大約卅年前，華視文化出版了一本風水書，告訴讀者，家裡的財位在進門對角不動方。彼時有關陽宅風水的著作不多，尤其用白話文寫成的現代建物風水，更屬稀有。因此一炮而紅，市井紛傳；從此，進門對角不動方，便被視為財位。所謂先入為主，成見牢固。

然而，何處可稱為進門對角？同樣格局，隔了玄關和沒隔玄關者，財位即挪移數米或十數米之遠。倘若門開中間，進門將有左右兩個對角，又當以何處為主？最重要的一點是，財位真有其事？功能為何？為什麼對角會是想像中的財位？其根據何在？當年那本書上，並未言及此節，且待本文細敘。

傳統的河圖、洛書，其中洛書所倡的紫白九星，乃陽宅風水正宗的論說之一。包括一白二黑三碧，四綠五黃六白，七赤八白九紫等，以九星分布於宅內九宮（即八方位加上中宮）的吉凶來評斷。吉星所到卦位有利，凶星所臨方位不利，為通盤的論述和評斷準則。

而所謂財位，乃指財星所配置的卦位。譬如，坐南朝北之宅，其財位在東北角；坐西朝東之宅，主財位在西北。每一種坐向的屋宅，都有一個相應的卦位作為財位，而非模糊籠統的以對角處為財位。此外，宅外方位的吉凶，亦和宅內相同。如坐南朝北房屋，其右前方有高樓或高山，則東北方勢隆，稱為財方高起，有利於居者之財氣。

又如坐東南朝西北之宅，財位在本位東南方。倘財位缺角或碰上馬桶擱在那兒，則漏財就無可避免。實例甚多，能避則避。香港沙田某富商經營成衣，有工廠公司住家倉庫，共四處房地產。奈何住家東南財方作廁，五年之間兵敗如山倒。董事長現任洗車工，和港片情節一樣戲劇性。足見財位對居者財氣的影響，值得重視。

生旺方逢財星，即為財位所在。財星有三，三碧六白和八白。因此可得出各宅財星之卦位，且列敘如下：

坐北朝南，坎宅，正北六白財星到，是為財位。

坐南朝北，離宅，東北三碧財星到，是為財位。

坐西朝東，兑宅，西北八白財星到，是為財位。

坐東朝西，震宅，中宮三碧財星到，是為財位。

坐西北朝東南，乾宅，正西八白財星到，是為財位。

坐東南朝西北，巽宅，東南三碧財星到，是為財位。

坐東北朝西南，艮宅，八白財星到中宮，是為財位。

坐西南朝東北，坤宅，八白財星到西南，是為財位。

擇宅要留意財位現況，是客廳？臥房？餐廳？或廚房？或廁所。除了廁所的馬桶之外，財位在哪都可；但也不宜缺角或缺卦，否則居者財源不聚，容易散財。

綜前所述，財位是宅內九宮（即中宮加上八方位）其中之一，面積大小約九分之一，如果房子六十坪，則財位約六坪左右。當然，不方正的格局，財位可能特大或特小。

早年的住宅面積不大，但廁所只有一處，中槍機率較低。現今大樓住家，廁所動輒兩套乃至三套以上，則碰到財位機率甚高，不可不慎。何況今人較浪費，花錢不眨眼，習氣比風水嚴重多了！

盧尚大師貼心風水小提醒

✤擇宅要留意財位狀況。財位不宜缺角或缺卦，否則居者財源不聚，容易散財。

✤屋外道路形勢欠佳，財氣進不來；有的則是門位不對，或爐口對門，廁佔財位等種種因素，皆主漏財。

2 客廳好風水，團聚家人情感與財氣

客廳或起居室為團聚的公共空間，自宜溫馨舒適，有兜攏效應。規劃、布置、擺飾，乃至色調，均宜採能團聚家人情感與財氣的設計為前提。

從整體上來看，選擇住家的優先順序，功能第一，舒適第二，風水第三。功能不足，買之無用；不夠舒適，住了難受；風水欠佳，災病退財。

宅居功能簡單區分，包括休息睡眠、生男育女、團聚、儲蓄、讀書考試升遷、健康等等。客廳在現代家庭親子關係愈趨疏離淺薄之際，肩負了「團聚」的使命。因此，客廳規劃布置擺飾，均宜朝此前提邁進。另外，有些格局上的缺點，觸犯風水忌諱，亦須排除或化解。

傳統有「明廳暗房」，但有燈光補助，照樣光明四射。現代科技進步，不只調光，明暗冷暖，均不足懼。有人喜歡透氣，就沒法住二、三十層的高樓；住那麼高，很少人會開窗的。但面對社區中庭的客廳，開窗並無不利。

常見公寓大樓的玄關大門一開，即正對前方陽台落地窗，看起來客廳空氣對流順暢，風水上卻是不折不扣的「穿心煞」。人們感受到這樣的形局，好像家裡的錢一到手就花光，永遠存不了錢。換言之，辛苦賺進的錢財，無法留在宅內，失去了儲蓄的功能。

此時，用一物事遮擋在大門和落地窗之間，便得以破除穿心形局。通常可放置屏風、鞋櫃、鏡子、或築一道隔板。不過，鏡子正照大門，不見得好；除非門外就是牆，否則戶外景觀太雜者，收攝入鏡內，反招不利。

廳雖宜亮，唯朝西朝南之宅，正面陽光強照，肆意入宅，並不妥當。遇此狀況，窗簾、百葉窗仍須配置，一來確保隱私，二來可免戶外聲光氣任意侵入。天花板主燈宜高或貼頂，懸得過低，有壓迫感，且影響廳氣迴流。誠如前述，客廳或起居室為團聚的公共空間，自宜溫馨舒適，有兜攏效應，故沙發地毯窗簾，色系搭配要好。

有些人客廳家具擺得一塵不染，桌椅間隔甚遠，感覺空曠冷清。這樣的屋宅，居者相處冷淡，親子間互動少，用餐之餘，各自回房，所謂「入門各自媚，誰肯相為言」，乃為現代家庭重大苦惱之一，可從客廳布置下手化解。

客廳若不夠方正，總覺家具怎麼也擺不正，看了礙眼，長居不利。敦化南路某一建築，大樓成八卦形，廁佔中宮，客廳家具怎麼看都是斜的。許多股市老將住在裡頭，都賠累慘虧敗走，可為殷鑑。

吉祥物如水晶、魚缸、發財樹、幸運竹，最好擺在客廳角落，以不妨礙動線為原則。牆上的畫或壁飾，顏色不宜和廳內色調相剋。山水畫的木（財）或水（財），有人擔心朝大門會漏財，其實並無其事。人物畫像或相片，眼神太清楚明亮者不宜，免得遊靈附著其上，帶來干擾。

客廳供神明或祖先牌位的香火，宜安於生旺方，至少背有靠，前方開展或視野較廣之處。倘有多餘房間，最好擺在裡頭，香火在客廳，有諸多不便。透天厝也可選擇頂層，遠眺有景的好方位。

部分客廳未臨道路，夾在臥房和廚廁之間。這樣的格局，是純「守勢」的住宅，居者工作事業發展，較可能受局限，可裝抽風機換氣，稍事改善。

貼心風水小提醒

- ✤門是建築物的氣口，進氣的關卡。
- ✤財神不入暗門，玄關宜明亮、整潔。
- ✤穿心煞會漏財，宜以屏風、櫥櫃、魚缸、盆栽之類的物事稍作遮擋，即可破除穿心形局。
- ✤吉祥物宜擺角落，以不妨礙動線為原則。

3 文昌位真假和功能探究

文昌者，文氣昌顯之義。泛指對於官位職位、專業領域、學業藝文方面，有較平順發展者。

文昌位的學理論述，紫白九星有一位四綠星，專司文昌吉氣。凡四綠星所飛臨或配置之卦位，稱為文昌位。

古今中外，凡有文明之處，人們要的權位財富，亦即功名利祿，心性都差不多。世俗成就，不過是這些；就算少數淡泊名位財富者，也期望自家有足夠的才華學問或技藝，得以自娛自賞。舉凡通向利祿功名的氣象，都被列為文昌之範圍。

現今連年輕學子升學考，也風行去文昌廟祈福，神桌上堆滿了准考證影本，香煙裊繞中，家長和小孩虔誠祝禱，畢竟，多數人重視考試，關心前途。證照考、國考、升學考、求職考，統統扯上文昌。有人算命，八字沒文昌，但住家風水文昌位，人人都可能用得到。

究竟有無文昌位這回事？肯定的說，有。文昌者，文氣昌顯之義。泛指對於官位職位、專業領域、學業藝文方面，有較平順發展者。八字學和紫微斗數都有文昌之說，命中有文昌（食神）者，專業方面會出名，考試升學或覓職比較順利。

現代社會有名氣常能帶來財富，藝人或知名運動員光代言費收入，常有數千萬元乃至數億者，貴擬王侯，部院首長名氣和財利多半不及影歌星。因此，當商店的門開文昌方時，可能一鳴驚人，年售數十萬份糕餅點心或芒果冰。總之，文昌和利名掛在一塊，人們寧可相信有文昌位可掌握運用並沾光。

文昌位的學理論述，紫白九星有一位四綠星，專司文昌吉氣。凡四綠星所飛臨或配置之卦位，稱為文昌位。倘逢臥房書房，則利使用者；若文昌位恰好在大門，那麼文昌吉氣可庇蔭全家，包括考試、升遷、科祿，以及社會地位或名聲，常會朝有利方向發展。

各種坐向屋宅的文昌位，列敘如下：

坐北朝南坎宅，文昌在東北方。

坐南朝北離宅，文昌在正南方。

坐西朝東兑宅，文昌在西南方。

坐東朝西震宅，文昌在西北方。

坐東北朝西南艮宅，文昌在正北方。

坐西南朝東北坤宅，文昌在正西方。

坐西北朝東南乾宅，文昌在正東方。

坐東南朝西北巽宅，文昌在中宮。

以北一女為例，位於重慶南路，坐東朝西，大門開西北文昌方，又逢總統府長樓高起，大利文昌。百年來人才輩出，聲名不墜。

有的家宅，文昌方不巧碰上廁所，效應是負面的，稱為「污穢文昌」，反主不利科考之事。實務的案例不少，改善不易，只能運用流年文昌星所到的卦位，亦可收效。

例如，明年四綠文昌星非西北，書房臥房在西北方者，可善利用。家中有子女升學，可將文昌位讓伊使用，必有益處。如果文昌星臨門，則闔宅皆吉。

大辦公室裡，佔得文昌位的工作人員，績效升遷往往較順利。以保險業、房仲業最明顯。早年有位檢察長，官符如火，曾一年升官三次。卅多坪公寓宿舍，他無論如何也不肯搬，文昌極旺之故也。

盧尚大師貼心風水小提醒

✤凡能在文昌位讀書或安床，對於考試運極有幫助。

✤所謂「四一同宮，定發科名之顯」，意指「四綠文昌星」與「一白官星」在同一處會合，如恰逢臥房或書房，主居住者考試或職位升遷大利。因此，如果能善用家中的文昌位，必有較亨通的考運與官運。

4 生男育女善用好方位

紫白賦有云：頭枕三白定生男。又曰：白星到門主懷孕，白星到床主分娩。所謂白星，指的是紫白九星中的一白、六白、八白等，加上三碧星皆屬陽。理論上言之，陽星才有生機。

台灣社會走向高齡化的重要原因之一，是生育率低到全球倒數。一消一長，落差乃見，從幼兒園、賣教科書商人、婦產科醫師、童裝業等行業漸趨下坡，可知人們生養子女的意願已大幅降低。官方努力鼓吹獎勵生育，效果卻不見佳。

由於年輕男女的生活負擔加重，婚都不太想結了，何況去生養小孩！主觀的因素普及之後，客觀上不孕症的現象也跟著增加。從多胞胎數量上升，可知人工生殖十分盛行。這個牽涉人類學、倫理學和社會學的現象，帶給人們說不出的特異感受，且自其他角度探討。

自一九九九年九二一大地震之後，台灣經濟即下滑，不少地理師出驚人之語，如本島龍脈走山，影響旺勢。依山水形勢來看，生機確實較薄弱。全台山坡地動輒土石流，和日本很像，而日本出生率也甚低。再者，經濟沉滯亦同日本之遭遇，值得注意。

主觀客觀條件不利，台島生育率可能再降。此外，許多男子娶了東南亞和中國大陸女子為配偶，混血的效應如何，大概要再過十多年才看得出來。外配所生子女佔同輩的比例，日趨上升，此為社會現象，或與大風水無關。接著來談住家風水和誕育子女有關的部分。

紫白賦有云：頭枕三白定生男。又曰：白星到門主懷孕，白星到床主分娩。所謂白星，指的是紫白九星中的一白、六白、八白等，加上三碧星皆屬陽。理論上言之，陽星才有生機。實務上如何呢？數十年來，筆者驗證過不少安床得男或生女的案例。

以坐北朝南的屋宅而言，正北和正東的臥房，較易懷孕或得男。在大安區師大宿舍，以及信義路四段郵政總局宿舍，均曾依調整夫妻臥房方位，而成功誕育男兒。據史載，宋朝徽宗皇帝曾央人看風水，把西北乾方加高，增強陽氣，期望多生皇子，別老是生公主。

現代大樓建物，主臥房早已規劃確定，由不得你。除非情況許可，得以任挑空房住用，則求子求男機率較高。吳興街二八四巷廿二弄有一排公寓，幾乎全部生男。該區建物為東北、西南坐向。但對面的公寓人家，則多數生女兒，這是很明顯可查證的事例，足供參考。

古語有謂「兒女前世債，討債還債，無債不來」。膝下猶虛，已過中年者，嘗言「沒欠兒女債，人生清爽些」。能如此豁達是好的，瞧人們辛苦打排卵針，或找代理孕母，誠為極特殊的際遇。但人生酬業，不輕易認命者較多。

有些人確定預產期，便開始找坐月子中心，這倒可諒解，風氣如此，誰不依從。也有必定要擇日剖腹產，給寶寶好的命盤，幸福快樂一生。天下父母心，不足為奇。但從命理來看，能順產還是優先，挨一刀不見得討好呢！

倘若原本就選到形局平順的住家，門位臥房配置得宜，則一切便順其自然，好事會發生在居者身上。懷孕生子更非難事。但有些家庭信奉「不孝有三，無後為大」的規條，不生個男孩交不了差，甚至影響婚姻，則另當別論。

盧尚大師貼心風水小提醒

✤依風水的理論，即使八字中「子星」一丁不現，亦可運用床位房門之配合而一舉得子，此所謂「九星男女訣」。

✤「天喜主生子，紅鸞主生女。天喜方有花果樹木，主娶親嫁女」。因此，安床天喜方，八字行運男逢財，女逢官，必主成婚。至於「二白到坐主懷胎，三白臨門喜事來」，夫婦床位，「頭枕三白定生男」，靈驗之處自不待言。玉鏡云：「天文九星歲歲飛，地理九星永不移；飛去相生生貴子，飛來相剋定生雌。」即此之謂也。

✤臥房的床尾切不可正對大鏡（名曰勾魂），否則容易驚嚇，甚至流產。

5 關乎健康的配置擺設

住到一戶方正平整、配置合宜、擺飾恰當的居所，對健康必更有益。通常人們喜談房子有所謂「氣場」，包括空間大小及其聲、光、溫度、色調等等，給人綜合感覺謂之「氣場」。

一般人擇宅的概念，論及訴求時，總以「平安有財」為主。現今疫情虐世，全球有億萬人受荼毒驚嚇，始知平安健康有多麼可貴。當然，錢財乃另一個重要的物事，俗謂「財是養命之源」，從古到今，少有人不知金錢的重要。古云「財富由天莫苦求」，既如此，就先談談風水和健康的關係。

健康本亦是「由天莫苦求」。有人天生身強體健，活力充沛；也有長年體弱多病，藥不離身。此乃天賦，很難改易。不過近代醫學昌明，養生保健，運動訓練，都可能轉弱為平，化平為強。健身房、運動館，加上食療和健康食品，人們均壽變長，少病少痛。

倘若再住到一戶方正平整、配置合宜、擺飾恰當的居所，對健康必更有益。通常人們喜談房子有所謂「氣場」，包括空間大小及其聲、光、溫度、色調等等，給人綜合感覺謂之「氣場」。男女老少對同一空間感受不同，例如夜店受年輕人喜愛，而年長者多半受不了。

單調平凡的居住環境，對好動進取，或喜歡新奇多變化者，亦格格不入。是故，要覓得一家大小都合適且喜歡的住所，並非易事。譬如東北方缺角，平面不方正，家裡的男兒即不自在，或健康欠佳，或學業不順，或不喜歡在家中等等。缺其他西南角，或正東方，則效應各自不同。

不論預售或成屋，都很容易辨別平面是否方正。即使網路看房，平面的廳房、廚衛、玄關、樓梯，皆一清二楚。除非沒得挑，或機緣使然，非買不可，否則歪斜缺角者，能避則避。再說，缺角的卦位若碰到財位，家裡財往往留不住，也是很傷腦筋的事。

再提一樁大多數人都聽過的格局配置，即浴廁的馬桶位於屋宅中宮，相當於九宮格的中央，災病退財免不了。對銷售方來講，常是抗性所在，不易說服買者。但其實是有解法的，就看聽者信不信了。畢竟，上千萬元或更大金額買下去，搞得災病退財，豈非太划不來！

床的擺設本沒啥難處，房間就幾坪大小，建商本都規劃主臥的床頭大約擺在何方，瞧廣告公司的配置圖，大部分是合宜的。但有些買主另有看法，想來想去，似都不對。或是裝潢的設計師風格獨特，偏偏要與眾不同。不過，有些忌諱還是得避，或加點工改善之。

例如床頭忌被大樑壓著，床尾忌正對房門或衛浴門。光看就不怎麼順當，要說實例更不勝枚舉。總之，對健康不利，能閃還是閃。床尾正對鏡子或梳妝台鏡，現今已較少見，碰上了還得移一移。床的正上方天花板，不宜有懸吊的大燈，據說易做惡夢。

此外，廚房爐台開關正對門或出入口，易流產漏財，這亦十分常見，最好擋一擋或移位。這類實例影響可大可小，甚至連姻緣都有可能保不住。家宅的形局配置，住久即習以為常，往往渾然不知吉凶效應之起始由來。當然，人人都有自己的命盤和行運，也各有一套想法，起伏興衰，究由何而來，值得細細體味。

貼心風水小提醒

✤家內的電氣用品擺設影響健康亦甚關緊要，例如用電量較強的冷氣等，切勿置於床頭的上方，或擺在屋宅的煞方。至於電冰箱，則不可置於屋宅的幾何中心，否則必主災病。

✤有些人喜歡晚間聽音響或電台節目，徹夜未關電源，長此以往，不利腦部健康。

✤臥房中，梳粧台的鏡面，不可自腳底逆照，此名為勾魂，易招災病、流產。這種情形，或移開梳粧台，或用布套於夜眠前遮擋鏡面，不照床尾即可。也有床尾正對衣櫃，而衣櫃的門全部是鏡子。此時也須設法將鏡面貼遮，以保平安。

6 招桃花運確有其事嗎？

陽宅風水有關姻緣交友和桃花運，有不同的論述。前者稱為「喜星」，後者乃「桃花水」。

喜星也者，在紫白九星當中，佔了「九紫」的星位，相當重要。此星屬火，主掌姻緣、桃花、懷孕等，都是值得慶賀之事，故稱為喜星。

根據一項統計資料，台灣男女結婚平均年齡上升，男性約卅二歲，女子為廿九歲。古人所謂「妻遲子晚」，從咱們社會的生育率低到全球首屈一指，可見問題還不小。現今宅男宅女處處都是，長輩煩惱亦無可奈何。許多人相信緣份；此外，對於桃花運也有不少殷切期待。

報端分類廣告常見「斬桃花」，意指可協助阻止婚外情。難道外遇者都是因招桃花運，所以需要斬斷？那麼，缺少男女交往結識機會者，能否藉桃花運而解決呢？陽宅風水有關姻緣交友和桃花運，有不同的論述。前者稱為「喜星」，後者乃「桃花水」。

喜星也者，在紫白九星當中，佔了「九紫」的星位，相當重要。此星屬火，主掌姻緣、桃花、懷孕等，都是值得慶賀之事，故稱為喜星。以流年喜星的方位言之，二〇一四甲午年，九紫到正北，凡是大門開正北，或臥房在正北者，今年異性緣份特別活絡。

至於宅內喜星的位置，因房屋坐向不同而異，例如：

坐北朝南，喜星在東南。

坐南朝北，喜星在中宮。

坐東朝西，喜星在西南。

坐西朝東，喜星在正西。

坐東南朝西北，喜星在正北。
坐西北朝東南，喜星在東北。
坐西南朝東北，喜星在正東。
坐東北朝西南，喜星在西北。

有些大辦公室，常聽聞某部門同事陸續傳喜事，或某單位女性員工先後懷孕生寶寶。諸如此類訊息，往往和喜星飛臨有關。升官是喜事，只和文昌星有關，喜星與此不相應。倘若家中姊妹同住，何妨將喜星臥房讓給姊姊睡，把握機會先成就良緣！

至於桃花水，雖主男女緣份，卻不見得是好事。例如屋宅遇上桃花水，居者是相處平淡的夫妻，或其中之一（也有可能二者都是）比較花心，則出現婚外情的機率甚高。也有單身者不乏交往對象，卻不易成婚，因桃花的緣份較短淺，新來舊去，換個不停。

何謂桃花水？依十二地支中的「子午卯酉」，既為四正，又為將星，亦是命理上的桃花。這裡說的是陽宅風水，和命無關，為論述相近。

例如坐北朝南之宅，西側緊鄰巷路，申子辰見「酉」，故為桃花。巷路在風水上常以水來論，故稱桃花水。或坐南朝北，寅午戌逢「卯」，卯即正東，故正東臨路為桃花水。倘若你的房屋被夾在一長排樓宇中間，側面巴不到馬路，則無桃花水。正面臨路不算，通常在右側（虎邊）才成形局。

仁愛路三段四段幾幢知名豪宅，信義計畫區內亦不少，皆具桃花水形局。倘若住了名人，狗仔跟拍必不落空。形局影響力不限男女老幼，七、八十歲長者，亦多「心飛在外」，韻事不斷。然而，財色食名睡，五欲都享盡了，透支福份，並非好事。

盧尚大師 貼心風水小提醒

✤ 爐口朝門，或正對客廳落地窗，不唯漏財損丁，且易發生外遇，實務上看過不少。凡事若能防微杜漸，宅運不致輕易惡化，則悲劇應可避免。

✤夫妻相處感情好壞，住家臥房床位亦有干係。例如：兩人同睡的床，床頭固然應該頂牆，而左右兩側則宜留空，以利上下床。倘若有一側靠牆，則睡於內側（靠牆）的人運勢較差。不只夫妻如此，姐妹、母女、兄弟等，凡兩人同床者，皆不適合一方貼牆睡。至於通舖地板或榻榻米，即無此顧慮。

7 安床要訣和日課

安者，加上「人」的元素才算安。例如，安爐者，開火煮食物，啟用時即稱「安爐」。神桌新移位，燒香之後才算「安香」。因此，不論入宅或新婚，並不須特別挑選安床時日，重點是該擺在好的方位或角度，生男育女順利，居家平安健康。

甫過鬼月，中秋即至，糕餅水果禮品猛打廣告，這樣熱鬧的市況，與普渡好兄弟那種詭異的氣氛，大異其趣。一般人嫁娶，多喜「花好月圓」的時節；中秋節前後，適值秋分（秋天過一半），月圓人圓，締婚正好。另一個「花好」時節，指的是陽曆三月地支逢卯的月份，該月被稱為「花月」，近年陽明山花季常以三月六日（驚蟄）

為始日，堪稱妥切。

婚姻被稱終身大事，自然不容輕忽，種種儀節，多不勝數。國人習慣擇吉日良辰，忌諱不少，譬如沖生肖或三煞日一概不用。訂婚重在行禮的時辰，結婚則以迎娶到夫家後，進新房的時辰宜討吉利。換言之，訂婚重行禮（戴戒指），結婚重進房。於是衍生了一個問題，新房的床，何時安？什麼方位最好？

友人自美返台，為娶一房媳婦，費了許多功夫。先是到處看宅，央風水先生鑑定，買下木柵路的房子，坐東朝西，門開西北；豬年黃曆首頁就寫「大利南北，不利西方」，登時教她擔心極了。方位不利，如何安床？如何娶妻？

實務上看來，安床不算頂要緊，和入宅或娶妻亦無相干。尤其現代家具型式，不論大床小床，床架都已固定，只有墊子可活動更換。古人所謂安床，係指床的四隻腳而言，床腳沒固定好，床會搖晃，也可能垮掉。

攸關睡眠品質、生男育女、夫妻感情，因此安床被視為極重要。在屋宅內的相關卦位，甚至影響禍福、窮通與健康。有「早生貴子」壓力的晚婚夫婦，常面臨主臥房和安床方位吉旺與否的選擇。

由是可知，安床時日不重要，但床擺在哪個房間，什麼方向，則不可輕忽。有人長年失眠，床位移動，立時改善；也有胡亂搬床，連連不順的案例。因此，本文擬提示幾個要點，供作參考。

1. 臥床不宜安在樑下，橫樑或直樑均應避開，或用物遮擋，或塞床頭櫃躲掉。有些長期頭疼失眠或夜夢不安者，抬頭看看是否被樑壓了。
2. 床頭宜頂著固定物，如牆、板、櫃等等，床頭懸空者易失眠多夢。床頭音響等電器用品，不宜太近，磁波傷人，現今已證實。
3. 床尾不宜對鏡子或廁門或房門，前者稱「勾魂」，女性多婦科疾病及早產。後者易患膀胱、攝護腺疾病。
4. 兩人以上同睡一張床時，左右任何一側貼牆，都不適宜。睡靠牆那側者，健康運勢明顯較不利。換言之，至少留一尺以上寬度，兩側均可上下，比較合理。
5. 床的正上方，不宜有懸吊式主燈，尤其體積較大者，易讓眠者下意識地感受壓力，惡夢頻率高。

新婚住新居，裝潢完畢之後，家具進了門，新人要用的床，是否該擇吉安放？還是一進房即歸定位？其實，床擺好了，只要還沒人睡過，都不算安床。安者，加上「人」的元素才算安。例如，安爐者，開火煮食物，啟用時即稱「安爐」。神桌新移位，燒香之後才算「安香」。因此，不論入宅或新婚，並不須特別挑選安床時日，重點是該擺在好的方位或角度，生男育女順利，居家平安健康。

貼心風水小提醒

✤安床要訣：

1. 臥床不宜在樑下。
2. 床頭宜頂著固定物，不宜懸空。
3. 床尾不宜對鏡子或廁所、房門。
4. 床最好左右兩側至少留一尺以上寬度，方便上下。
5. 床的正上方，不宜有懸吊式主燈。

8 住家人擠人，多半不聚財

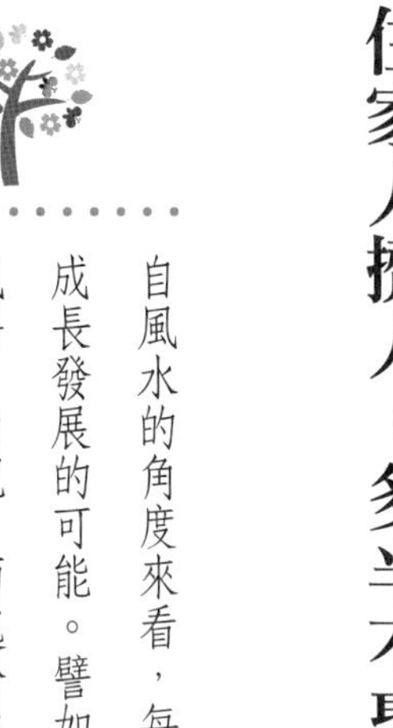

自風水的角度來看，每個人需有足夠的氣（空間加上動線即為氣），才有成長發展的可能。譬如監牢裡十多人關在五、六坪的囚房內，人常沮喪、氣餒、消沉。而處於挑高屋頂的教堂、劇院、飯店大廳內，則個個身心舒泰，此為空間大小於人的影響。

近幾年來郊區的住宅，為迎合年輕夫妻「低總價，多房間」的需求，建築商乃大量推出「夾層」產品，藉由二次施工，平白多出兩、三個房間。也有打出「××萬買三房」的廣告，等交屋時一看，三房裡倒有兩個房間小得像儲藏室，幾乎無法住人。想打掉隔間重新規劃，卻得花費不少錢。

一般購屋者最好能體認事實，即越多錢才能買到越多空間；換言之，用低價買大房是完全不可能的。而小房子無論怎麼隔，也不會變大。只能住四個人的坪數，很難住進六個人。除非擠得半死，或輪流使用，這種狀況雖然不常見，咬牙苦忍的可不在少！

自風水的角度來看，每個人需有足夠的氣（空間加上動線即為氣），才有成長發展的可能。譬如監牢裡十多人關在五、六坪的囚房內，人常沮喪、氣餒、消沉。而處於挑高屋頂的教堂、劇院、飯店大廳內，則個個身心舒泰，此為空間大小於人的影響。

新莊新泰路上一處完工的住宅大樓，為夾層產品。上層三個房十分侷促，下層包括一個房和客餐廳、廚房衛浴，每一個平面不超過廿坪，居然要住進六個人。另外，還想找方位安神明公媽香火。像這種住法，三代同堂，婆媳、祖孫、親子之間，往往極易發生摩擦、爭端。在堪宅現場，自家人已為家具安排問題口角，未住如此，遷入後可想而知。

不唯生活不便，健康、財氣也受小空間的限制。空間愈窄，功能愈少。客廳狹小，豈能坐滿六人？則團聚功能欠缺。外出上班上課者，不喜住家擁擠，乾脆晚歸；如是日久，必生問題。空間聚氣不易，難攢錢致富，想脫困離開小空間，豈非遙遙無期？

錢不夠，無須勉強買房子，揹個重殼度日子，何苦?!常見有人住了衰宅，景況欠佳，甚至陷入困境。明知風水不好，卻無法搬離，原因是「買不起新房子，舊房子脫手難」。其實，租來的房子如果風水運佳，照樣賺大錢。如翁大銘的父親翁明昌，一生創業無數，但住家喜歡用租的，想換就換，多麼方便。電視廣告「你們結婚後，住在哪兒？」的台詞，有誤導年輕人「不購屋不能結婚」之嫌。是故，與其買個勉強夠住的小房子，健康財利皆差，還不如租個大小適中、格局方正的好住家，存錢容易，等存夠了再來買！

風水好壞，與房宅是否自有無關，或用誰的名字登記，亦無干係。堪宅十餘年，穿戶逾數千，覺得建商的「人味」很稀，眼中多以鈔票為重，甚少願意在規劃之初，即留意居者的方便性、功能性和風水形局。前時有某不動產機構舉辦「建築與風水關係」之講座，算是理解並重視這方面的種種，值得鼓勵！

盧尚大師貼心風水小提醒

✤住家大小，應衡量人數多寡來規劃、選擇。健康、財氣均受空間大小影響。

✤住家人擠人，聚財不易。

✤屋廣人稀，家中成員感情容易疏離，須更用心經營。

9 臥室生旺方的選擇

臥房的方位，最好佔宅的生旺卦，洩氣方尚可，煞方則比較不得已。

住家的功能，休息睡眠自然擺在首要。而臥房在人們生活當中，即是休息睡眠的空間，近代人們習稱之為「臥房」。文明演進迄今，不論出差旅行、環遊世界，乃至登陸月球，最終都得回到住家，夜裡睡進臥房。人們在臥房休息或睡眠或失眠，翻來覆去所消磨的時間，大概佔一輩子的三分之一，由此可見臥房對生活的意義和影響。

臥房的方位，最好佔宅的生旺卦，洩氣方尚可，煞方則比較不得已。一般家庭，臥房多為二至四間，故而碰到煞位的機率相當高。主臥房如果住一對夫妻，則陰陽不畏煞；且煞方安床容易生男孩。比起來，若把煞方的房間分配給年長者或幼兒，災病的傾向會更明顯。至於何謂生旺方，何謂洩氣方，參考以下表列。

- 坐北朝南：西南、正北為生旺方。西北、正東為煞方。
- 坐南朝北：東北、正南為生旺方。西北為煞方。
- 坐西朝東：東南、西北、正南為生旺方。正西為煞方。
- 坐東朝西：西北、正東為生旺方。

貼心風水小提醒

✤進財聚財的屋宅，財位才能發揮鎮財的功用。因吉氣入宅，擇吉方而住，若遇財星，即須鎮之。根據洛書九星的說法，八白、六白及三碧都算財星，是故，宅之生旺方逢財星，始稱財位。

10 臥房好風水布置法

主臥房的浴室門，常會對著床的側方或腳底。實務上看來，側對無妨，頂多掛一門簾，擋一擋視線。但正對床尾則對居者「膀胱經」的健康不利，可在床尾用物事遮擋，如矮櫃，或在浴室門上掛簾亦行。總之，多和健康有關。

統計資料顯示，台灣地區有三分之一的成人，睡眠品質欠佳。數百萬人夜難安眠，因素自然很多：賣床的說換一張新床就能改善；醫生說白天運動，睡前喝牛奶可以改善。也有許多人認為，「床位不對」才是主要原因。

譬如，床頭朝西，有人擔心一睡歸西；床頭朝東，相師說不合本命。至於床上方有樑，或周遭有鏡子，或浴廁門對著床，或床頭上方有窗戶……等等。反正睡不好一定有原因，風水不對往往是被聯想的主因之一。

北市某著名婦產科醫師，當年甫遷入中正區一戶新房子，連續好幾個月頭疼難眠，卻找不到原因。醫師娘偶然看風水專欄，謂床頭頂樑不利安眠，遂設法塞進床頭櫃，避開橫樑的壓迫，自此頭疼不藥而癒。

汀州路的三總宿舍，住的都是醫師家庭，每逢年度宿舍遷移，人人都選擇風水吉旺者。方法是看前任居者的出路，如果升官發財，大夥搶著要這戶旺宅。若是去處不佳，就被認為風水運勢差，則所遺宿舍乏人問津。

某婦產科醫師娶了國防醫學院女講師為妻，住在前述眷舍，三年之中連續流產兩次。身為專家，一直納悶何以乃妻會無預警小產。適巧友人引述筆者風水文章裡的說法，爐口對門，床尾照鏡，流產損丁，災病漏財，恍然大悟。

床腳正對大鏡，名曰「勾魂」，易致流產、子宮外孕等症狀。移開大鏡，即時改善。此外床頭有鏡，或天花板裝鏡子，如今看來似乎都不恰當。因夜半乍醒，忽見影動，自招驚悚，何必為之！

主臥房的浴室門，常會對著床的側方或腳底。實務上看來，側對無妨，頂多掛一門簾，擋一擋視線。但正對床尾則對居者「膀胱經」的健康不利，可在床尾用物事遮擋，如矮櫃，或在浴室門上掛簾亦行。總之，多和健康有關。

床頭上方有窗戶，夜眠時緊閉即可，不必封掉，白天儘可打開通氣無妨。床頭櫃置音響或電器，據說會干擾腦部，移開也罷。電視正照床尾亦不干緊要，衣櫥門有大鏡照床尾，移開或貼上貼紙，免招休咎。

曾見日蓮教信徒，將神龕放在臥房床邊，唯龕有門有鎖。咱們一般房內不放神像香火，甚至房外那道牆都不喜安神桌。有謂神桌後方之臥室，不宜充夫妻房使用，忌諱甚多，這類屬於習俗，而與風水無關。

鴻禧山莊和大台北華城的別墅型住家，頂樓主臥房的天花板都是斜頂而非平頂。由於挑高多在四米以上，影響不大。睡上下舖的孩童，房間如果過窄，相對迴氣不足，不利健康。和大人擠一間臥房，情況更糟。

復次！兩人以上睡一張床，則床的左右兩側都宜留空間。否則，睡在貼壁床位者，運勢常有受困的效應。這類擺設，改動不難，差別可不小。臥室風水，以床為主，餘者皆為配合之屬。

三代同堂誰應住主臥？這是個課題，也影響婆媳關係。通常婆媳房門忌相對，俗稱「對門煞」，能錯開或搬離最好，否則只能掛門簾擋擋。臥室風水問題極多，且敘至此，未盡者容後補之。

盧尚大師 貼心風水小提醒

✤主臥室應置於宅屋的重要部分，重心平穩，家內才能平安。有些人疼愛子女，或孝順老人家，因此將主臥室讓給小孩或老人家睡，反而招來不利，這是值得注意的問題。或有人頂樓加蓋，把主臥室移到上方，而把小孩及老人家留在原來那一樓，這樣也不對（一般樓中樓無妨）。筆者看過不少這樣安排的家庭，多半不平安，不是災，即是病，建議讀者能多留意。

✤主臥室浴室不宜正對床位，若正對床位，可在床尾以矮櫃稍加遮擋，或於浴室門上掛上布簾。

✤床頭上方窗戶，於睡眠時宜關上。

✤床頭櫃不宜放置音響或電器，易干擾腦部，影響睡眠。

11

住宅兼工作室是否適宜？

辦公室風水和個人財運，完全是兩回事。財運是跟著人的，而建物空間的使用，和財氣不一定有關。風水的影響層面，在於順不順，或平安與否。

夾層屋是極特殊的屋宅型式，看風水時總有不少疑問，何處是宅中心點？財位論法一樣嗎？既非一般平面，也不算樓中樓，更不是兩層樓。倘若用於居住，尚無困惑，畢竟，廚房、浴室、臥室都分得清楚，然而，有許多人當工作室使用，或公司辦公室，則配置方面即需多花心思。

當年曾有過一段「夾層屋熱潮」，基於市場需求，建商精心規劃。因此，這類建物如今到處都有。以北市東區某捷運站共構大樓為例，夾層產品熱銷迄今房價仍居高不下，單價逾一百卅萬元，可知在使用上並無難處，包括工作室，賺錢者亦頗多見。

一般而言，還是以屋宅的總平面中心為基準，來分別各方位的生旺退煞，主位財位看法亦同。夾高的部分倘若狹小擁擠，即不適合當主位擺負責人辦公桌，寧可安排在低平面的吉位。因此，在規劃之初得好好設想，否則配置時格格不入，風水旺氣運用不到。

至於尋常大樓公寓，也常見住家兼工作室。通常客餐廳必得犧牲一部份，以擺置辦公桌椅或事務器物。如果居住的大小臥房睡眠區另外隔開，則辦公區以單一平面論方位吉凶，而非以全宅來識別。例如小房仲組合、地政士、室內設計師，乃至網拍小站等等。

辦公室風水和個人財運，完全是兩回事。財運是跟著人的，而建物空間的使用，和財氣不一定有關。風水的影響層面，在於順不順，或平安與否。譬如，同一辦公室先後由不同的公司承租使用，盈虧並不會相同。可是平順或紛擾方面的影響，則十分相近。

住宅作為傳銷商的據點兼堆貨倉庫，在風水上要注意的是，先避開地下室，尤其出入口只靠小玄關或電梯容量小者，由於進出氣口狹窄，人氣、財氣較不流暢，切勿使用。如是一般七樓、九樓之類的樓層，前方來氣無阻，人貨出入通暢，則較合適。

設計師包括繪圖和會客，後者比較重要。倘若宅內洽談案件的方位太差，例如太狹小或在動線上，則不如都約在外頭的咖啡茶店，以免影響接案成功率。現今的大小咖啡店，多的是保險、房仲、傳教、算命、傳銷、設計等案件的洽談區，觀察氣場較佳的店，有助完成交易。

空間小的辦公處所，賺大錢的可能性較低。少數天兵天將可以在頂樓加蓋的小屋內發大財，純屬個人運勢強旺。是故，盡可能大家共用大空間，譬如四組人馬合租百坪樓面，成本分攤，且風水氣勢自然大家都有利。旅行社業者常見這種情形。當然，各團隊分別佔據的角落，方位旺勢仍有高下之分，宜慎重選擇。

近些年有不少人將大辦公室規劃為多等份使用，分租給個人。通常只有一套辦公桌椅，其餘必要的事務生財器具如影印機、傳真機、會議室，乃至茶水間，都是共用。對於租金昂貴的都會區小創業者，堪稱一大福音。跨國公司設小據點，亦不須花大成本。而自風水角度觀之，仍是可行的。

盧尚大師 貼心風水小提醒

✤住宅作為傳銷商據點堆貨倉庫，宜避開地下室。

✤住宅兼工作室，應注意洽談空間宜開敞、動線流暢，否則寧可約外頭氣場佳的咖啡茶店，以免影響接案成功率。

12 在家工作者如何巧安排？

依風水論說，任何住家都需把屬於人的空間留出來，家具或其他物品不宜堆積過多。在家工作者，宜將工作室的主桌放置在財位。財位也者，生旺方逢財星是也。個人工作室有不少是設計者、代書，或個人發揮長才的項目，因此文昌位也很重要

寸土寸金的都會區，想同時擁有住宅和辦公室，談何容易！以年輕夫妻小家庭為例，住家廿五、六坪就夠了；工作室則至少要八、九坪或十來坪。兩者相加，大概要花一、兩千萬元，負擔何其沈重？倘若能在自宅設立工作室，既方便又省錢，何樂不為！

但值得考慮的是，宅居風水條件合不合工作室之用？例如道路形勢究竟有沒有財？或宅內可供使用的空間，其方位是吉是凶？最好能住家平安、工作有財，則兩全其美。反之，若事與願違，很可能居家不安寧，且賺不到錢，兩頭落空。

在安和路二段某直銷商住家，為了省倉庫租金，將貨全搬進宅內，聚會時發貨也比較方便。然而，客、餐廳變小之後，宅氣不足，來人愈來愈少，後來連經營已久的據點也失守，十分可惜。依風水論說，任何住家，都需把屬於人的空間留出來，不宜家具或其他物品堆積過多。

譬如有人喜歡購物，經常添東西，不肯拋棄無用之物，於是宅內擁擠不堪，這種情況對風水十分不利。曾見過身形肥胖，客廳臥室堆滿雜物的職業婦女，逢人訴說丈夫淪陷在大陸不願返台。且不談人樣，光是住宅又擠又亂，別說先生不回來，連子女都可能翹家呢！

日本住屋多半不大，故擅長收納整理，相關書籍甚多，可供參考。看倌們如自覺家宅不夠清爽通暢，何妨閱讀一番，偷點本事，或許有利於風水氣運。以吉祥物擺設為例，儘可能往邊角放置，切勿擋住動線；水晶、盆栽、魚缸乃至奇珍異物，有些塞滿辦公室，卻賺不到錢。

於此透露些實務上的要訣，常用於企業辦公室或售屋接待中心。即將工作室的主桌放置在財位，財位也者，生旺方逢財星是也。個人工作室有不少是設計者、代書，或個人發揮長才的項目，文昌位也很重要，以下標出各種坐向屋宅的財位和文昌位，可參酌擺置。

坐北朝南之宅，財位正北，文昌位東北。

坐南朝北之宅，財位東北，文昌位正南。

坐西朝東之宅，財位西北，文昌位西南。

坐東朝西之宅，財位中宮，文昌位西北。

坐東北朝西南宅，財位中宮，文昌位正北。

坐西南朝東北之宅，財位西南，文昌位正西。

坐西北朝東南之宅，財位正西，文昌位正東。

坐東南朝西北之宅，財位東南，文昌位中宮。

以上係各宅的吉方，臥房或客餐廳都適合當工作區。如工作室為數人合資，則吉位當然讓給主事或資深者，若都用不到，一切免談。

更糟的是，財位不巧在廁所，馬桶佔財位，必主漏財，此時宜將工作室遷離宅邸，以免空忙一場。至於文昌位，也有可能被廁所佔了，對研發設計業不利，其餘行業較無影響。網路時代許多運用網路做買賣，擠在客廳一隅，或一個小房間內，照樣財源滾滾。遇到這樣的幸運兒，何妨參考一下他們的擺設，學學別人的成功之道！

盧尚大師 貼心風水小提醒

✤ 住家充當工作室生財，吉位宜讓主事者使用。
✤ 空間動線宜規劃流暢，注意收納整理與物品擺置，以利風水氣運。
✤ 住家兼辦公室者，重要的是必須水神門路通暢，則住辦皆宜。

13 天羅地網之年，事事留神

一般而言，住宅以清爽雅緻為尚；過於繁複的色調，或勾心鬥角的造型，包括家具在內，對居者皆有不利之處，尤其在「人和」方面，易產生問題。

節氣交入白露，陰曆八月乃桂子飄香，中秋團圓的時分。唯論及天運，卻是不見佳。乙酉月和庚辰年天干地支皆合，乙庚合、辰酉合，所成皆金，五行有肅殺之氣。由以往的經驗，教人擔心「殺盤」會出現，尤其秋分（九月廿二日）之後，往往一蹶不振。當然，這個盤指的是股市的盤。

紫白九星小限值七赤入中宮，年星為九紫。七赤和九紫碰在一塊，效應是偏凶的；所謂「七九穿途，定遭回祿之災」。九紫為火星，七赤為先天火數，二者相逢，刀兵水火難免。人為的禍事，恐怕比天災地變還要糟。多年前的波灣戰爭，也是在九紫入中的年份。

在優惠房貸強勢大補帖的推動下，房市有熱絡的回應。不過，自五行干支運勢言之，立冬（十一月八日）後，丁亥、戊子等月份，才是房市的旺期。或許，賣不掉的餘屋，到時候可以順利去化。

台中市有某處豪宅，以「藝術氣息」為號召，超高價售屋，業績還不錯。建物型式類似宮殿，處處畫棟雕樑，風水上是否有利？

一般而言，住宅以清爽雅緻為尚；過於繁複的色調，或勾心鬥角的造型，包括家具在內，對居者皆有不利之處，尤其在「人和」方面，易產生問題。

位於高雄市苓雅區某住家社區，一、二樓為樓中樓格局，居者感覺像住透天厝，前後還有小庭院。於是布置得金碧輝煌，家具都是歐洲進口的仿古精品。客人進門，雖為豪奢妝點感到讚歎，卻隱隱察覺有股陰森冷冽的氣息。該宅一家六口，彼此失和，健康亦差。一年多前女主人病逝，女兒負氣離家。

前述屋宅，坐西向東，西南、正南退縮，缺卦不全。坤、離二方皆為女性的卦位，缺角不利女人。故而婆媳不和、姑嫂爭鬥，受害者皆為女性。男主人父子天天上班不在家，早出晚歸，看似無事。唯變故之後，親情崩離，還是脫不了干係。

現代家庭，安寧溫馨的氣息，多半欠缺。此受建物格局影響，亦與主人布置擺飾不得其法有關。那就是建商給你一處空盒子般的空間，燈光、色調、擺飾等等，統統要仰仗高明的設計師代勞。為省錢自己隨便弄弄，就住得不成樣子。風水的吉旺之氣，也無法顯現出來。

國慶日前後節氣交寒露，丙戌月干支和龍年庚辰天剋地沖，天時極差，如遇災變，傷亡必重。此月行住坐臥，舟車當心。留得青山在，不怕沒柴燒；跳樓、廢氣自殺，似已略成風氣，值此亂象橫行之時，尤宜事事留神，堪保安寧！

盧尚大師貼心風水小提醒

✤住家門窗過多、洩氣太重，人氣、財氣皆留不住，故宜適量即可。調節之後，以百葉窗、布幔、窗簾等，或遮擋、或掩覆，必能改善。

✤好的住宅布置能凝聚人氣，彰顯風水吉旺之氣。

14 老宅氣衰，先整修才宜居

天下事多屬得失互見、利弊參半。人之際遇，亦常禍福相倚。且看近些年來，有多少暴起的大戶，一夕又暴落，期間經歷的身心亢奮和折磨，他人難以想像。是故，在經濟和政治的亂局中，守平為宜，平則少得失無衝擊，日子好過些。

炎夏既至，酷暑逼人。房仲業務員奔走於驕陽之下，不論成交與否，終須辛苦一場。上半年火土干支月令，房市尚佳，八月八日立秋之後，壬申、癸酉金水月令，恐怕會冷清些。故宜把握時機，打鐵趁熱。

松山機場附近的富錦街，是三、四十年的老社區。環境雖好，屋宇卻多陳舊剝落，外表黯淡。尤其水管破漏，糾紛時起，更為美中不足。這樣的屋況，在風水方面是扣分的。

有的人家，牆還生了「壁癌」，對居者的健康，有害無益。至於水管破漏，往往影響財氣，錢來復散，令人心疼。除非來一次大整修，地板、牆壁、管道都翻新，否則很難有吉旺之氣。

該社區一戶公寓的四樓，破舊髒亂，屋形寬淺，東大西小，又正對路沖。如此形局，竟有人匆匆買下，準備整修後遷入。被南部的父母知悉，罵了一頓；寧願賠點錢轉售，也不許莽撞的兒子搬進衰宅。

嗣後一打聽，公寓樓下原來開店，一直做不起來，只好改為住家。其餘各樓住戶，際遇平平，唯健康不怎麼吉順。有人認為「自然能」會影響「生物能」，意即環境影響健康。此和風水說法架構不同，結論則無異。

台南市早年即有一條運河，髒亂情況和高雄的愛河差不多。溪河的水質如果不清淨，則流向或走勢再好，都不足論。運河失去運輸功能，徒生蚊蟲，污染環境，周遭居民，抱怨者多。

門前水溝或溪流，直奔而來，稱為「潑面水」。外雙溪有一處工地，四周山水儼然，建物亦頗氣派。唯其內一幢樓，正面恰有潑面水直沖，形局欠佳。餘屋數戶，迄今雖降價，仍難去化。

中山北路五段福林橋附近，人車多，店家多，自成一小商圈。飲食、臥具、服飾、日用品，各安其位。仔細一看，有些店面是「前大後小」的屋形，即俗稱的「畚斗厝」。一般認為，這種屋形是不利的，事實不然。

前大後小的店面，適合銷售陳列商品，因平面不聚氣，貨也留不住，反而容易售出。不過，由於人氣也留不住，故店員、業務員流動率較大。此外，老闆得要擅於理財，否則所賺之錢很容易流失。

天下事多屬得失互見、利弊參半。人之際遇，亦常禍福相倚。且看近些年來，有多少暴起的大戶，一夕又暴落，期間經歷的身心亢奮和折磨，他人難以想像。是故，在經濟和政治的亂局中，守平為宜，平則少得失無衝擊，日子好過些。

貼心風水小提醒

✤家中有壁癌、水管破裂情形，建議勿拖延，宜儘早修繕，否則於吉旺之氣有礙，亦不利居者健康。

✤家中開窗數量宜適中。處處皆大窗，採光雖佳，恐不易聚財聚氣。

15

依山傍水，大窗不可太多

依山傍水的別墅，優點是景觀好，建物的門窗，也因而特別大且多。唯自風水角度言之，過多的採光與通風，是為洩氣，不利健康與財運。

隨著捷運路線的展延，郊區與市中心的交通將更便利。因此，都市外端邊緣靠山、靠海的別墅住宅，乃成了房市的新寵。據悉，有不少高官巨賈在山隈水涯購買休閒度假用的房宅，原取其遠僻清幽，孰料升斗小民大量入侵的結果，不特擾其寧靜，更教形跡曝光；固有盤算遷移者，也有自此少登門者。總之，宅居左近太過嘈雜，並不適當。除非，此住宅也兼備聚財功能。

例如，連副總統家住敦化南路，龍長水闊，前方有公園，明堂聚氣。居住多年以來，由部、院首長，直登副元首寶座。此外，根據官方公布，財產的富足自也不在話下。由此看來，目前的「一品官邸」倒是真正名副其實。當然，該宅的隔音設施一定得做好，否則難求安寧。

依山傍水的別墅，優點是景觀好，建物的門窗，也因而特別大且多。唯自風水角度言之，過多的採光與通風，是為洩氣，不利健康與財運。實例上觀察，三四百坪的大別墅，住到後來家內人口往往愈來愈少；如今外雙溪水畔至善路三段的大房子，如今有許多已是空的，閒廢久矣。

景觀窗往往是一大片玻璃，可眺山色或海景，但別忘了備置布幔，在夜間或烈陽照射時，放下遮擋。處處皆大窗，室內外有充分的空間穿透感覺，氣派固然氣派，卻影響聚氣。這類房子，倘僅偶爾度假使用，則無大礙。長期養老、養痾，都不相宜。

廚內瓦斯爐台開關的朝向，與居者健康有相當關係。如果爐位不算差，即使爐向不利，影響亦較小。最忌諱衰宅之中，爐位不對，爐口又朝本命煞方，必主災病。近來看一案例，台南仁德鄉某農宅，改建三樓之後，連連出事；男主人才五十多歲，幾乎每日臥病在床，廿來歲的小女兒也不時生病。

直到五十年次的大女兒離婚回娘家，情況更嚴重。辛丑年出生的命卦為震卦，屬木，爐口忌朝正西或西北（屬金）。此宅坐東朝西，自前年起風水運勢極差，大女兒回來住，鎮日不出門，煞氣難躲。不過半年左右，即因肝硬化於今年元月病逝。卅六歲的女子，如早謝的花，令人惋惜。類似的例子，實務上不少，值得注意。

房市稍見活絡，小坪數房屋交易甚熱。民生社區某花園大廈內，待售的套房一週內輕鬆售出近十戶，單價每坪卅餘萬元，照樣行情不變。小套房的風水，門位最重要。以今年而言，門開西北方者，儘量別去碰，否則煞氣臨門還搬家，必然不利。如今已經買了或遷入者，最好擺一缸水在進門附近，稍事化解。

盧尚大師貼心風水小提醒

✤ 住宅若遇「穿心煞」形局，宜用玄關設計、或櫥櫃、冰箱、簾布等物事遮隔或稍作空間上區分。進氣能轉折，人氣、財氣不漏失，居家平安亦有財。

16

空間氣場佳，聚氣生旺

屋宅內的財位，是根據宅向而推定，凡生旺方逢財星飛臨者，稱為財位。其作用為「儲存」，其特點為「聚氣」。

大溪有一家知名的豆干廠，兩年前建造了一幢樓房，坐西北朝東南，前方庭院甚廣。遷入後財運不錯，手頭攢了不少錢。詎料農曆七月（鬼月）在西南方動土，搭蓋一座車庫，由於時間、方位都犯煞，竟然大破財，把數年積蓄都耗盡；惶恐之餘，遂央筆者前往堪宅，看到底是哪兒不對勁，或有無解法。

類似案例，今年內看了許多。流年五黃入限，最重要的是「非時勿動」，胡亂動土，不論是否因此招來休咎，當事者往往無法原諒自己；從實例來看，愈相信風水這回事的人，受風水的影響愈大。怎麼說呢？有些人不懂風水真正的旨趣，誤認樣樣事都與風水有關，且多記掛枝節細微之事，故而常覺「動輒得咎」。

譬如有人以為進門對角即是財位，遂擺了個魚缸，或放一盆闊葉植物在那角落，俾利旺財。偶見葉子枯黃，或小魚死了幾條，變神經兮兮的擔心會破財。這類迷信型的業餘風水鐵嘴，常常製造緊張。一個房子改這兒改那兒，或掛風鈴、安財神，結果是啥麼好處也沒有。

屋宅內的財位，是根據宅向而推定，凡生旺方逢財星飛臨者，稱為財位。其作用為「儲存」，其特點為「聚氣」。財位的大小：約佔室內面積的九分之一（八方位加中宮，共九等分）。例如坐北朝南，房屋正北方值六白財星鎮守，且為生氣方，故財位在正北。由於格局配置的不同，有的正北是廚房、或臥房、或廁所，也有由正北開門進出的。因此，財位不一定用得到。但重要的是，財位不破（如作廁所或缺角）就沒有大關係。

不論住家或辦公室，都屬於特定人使用的特定空間。這個空間經營得好，聚氣、生旺，則宅內的人必能受益，從而得以發揮各方面的能力。倘若此空間的氣不對勁，往往妨害居者的平安或財利。有些屋宅甚至連盆栽都枯黃難養，飼魚也活不長久，顯然人更不適宜生活在其間。

成功國宅內有一店面，上午賣豆漿早點，下午賣臭豆腐。後者氣味十分強烈，朝夕不散。因此許多懼怕油酸味的人，便不肯在空氣清新的早晨，上那個店去吃豆漿。此為「氣」對宅影響的一例。唯此氣乃具象之氣，至於抽象之氣則係根據五行九星推斷而來，其影響力漸進而隱晦，長期下來，便見分曉。

盧尚大師 貼心風水小提醒

- 魚缸放在財位，對屋宅財氣有助益。書云：山管人丁水管財。魚缸內須為活水，且缸具不宜太小，否則毫無作用。
- 財位勿作廁所或缺角，否則必損財運！

17

爐對門憾事多，毋待發凶

簡單的改善方法，有助消除重大的風水缺陷，何樂不為？室內布置，人各一套，格局雖同，宅氣殊異。有些屋宅平面不怎麼方正，但經高明的隔間或潤飾，住起來照樣平安有財。事在人為，此亦明證。

全民健保實施伊始，醫患雙方紛爭不斷。從醫院的立場來看，凡是減少診費收入的因素，都必須排除，否則就抵制。就病患而言，看病既不便，負擔更加重，自然無法忍受，也非抗爭不可。於是乎，在亂象處處的社會中，似又注入一大亂流，簡直不可收拾。

一般罕上醫院的人，不看報紙絕不知道會有那麼多病患，既受病苦折磨，又被繁瑣程序困擾。既然如此，平素最好善自珍攝，以保健康。不過，家居或風水格局不佳，或布置擺設欠妥，往往保不了安寧。尤有車禍、開刀、惡疾、災病踵至的實例，教人驚心。

歸納住家風水格局缺失，常見而易辨識者，有以下幾項。這些問題改善不難，就怕沒發現。尤其有些是屬於「大家都一樣」的共同缺點，更容易被忽略。例如：

「穿心煞」。聽起來頗驚人，看起來沒啥麼。即一個屋宅，從前方直通後方，其間全無物事遮擋。此「通道」愈寬，洩氣愈烈，殺傷力也愈強。許多公寓、大樓或透天厝，都有這種情形，不利的影響多為退財、病災。

因此，不少人進門後有玄關，或客、餐廳之間用櫥櫃、冰箱、簾子等物事遮隔。進氣能轉折，氣才留得住。包括人氣、財氣不漏失，居家始得平安有財。

「廁佔中宮」。屋宅的抽水馬桶恰好位於平面的中央部分，中宮的大小，約佔全宅的九分之一，相當「回」字中間的口。從風水理論來說，中宮出水，災病漏財。

改善之道，治本方法只有將馬桶移出中宮，或根本不使用。治標的方法，則是在中宮蓄水，如用浴缸或另置陶缸、魚缸等；一廂出水一廂儲水，求個平衡，留著水氣，此法亦可減輕其害。

「爐口對門」。廚房瓦斯爐的開關，前方恰正對門（通餐廳或通後陽台的門），外氣內燒，爐口的氣太長，皆非吉相。實務上有許多例子，流產、子宮外孕、車禍、退財。所謂爐口對門，漏財損丁，為禍甚鉅。發凶的機率，超過三、四成以上。

尤其爐口朝門，夫妻的一方容易有外遇，實例昭昭。改善方法，其一為移動爐台，使不致對門。其二為用櫃子、冰箱、珠簾等物遮擋。仁愛路四段鳳翔、天廈等高級住宅大樓內，許多戶都有爐位的問題，更動爐位者不少，發凶者也不少。

簡單的改善方法，有助消除重大的風水缺陷，何樂不為？室內布置，人各一套，格局雖同，宅氣殊異。有些屋宅平面不怎麼方正，但經高明的隔間或潤飾，住起來照樣平安有財。事在人為，此亦明證。

盧尚大師 貼心風水小提醒

✤住家爐灶方位不對，亦足以影響宅內眾人健康，小心為上。住家裝潢型態，「開放式廚房」很受歡迎。但值得注意的是，瓦斯爐台及水龍頭切記不宜朝外，「水火不可外露」，犯之無有不破財者。爐台的開關如有木板圍住（歐式廚具），比較不會犯忌。

18 結構勿亂敲，形局可靠

風水固然輪流轉，遇到煞氣的年份，或用水木解法，或挺一挺熬過去，都是正辦。千萬別亂敲亂打，改得亂七八糟，等到年運轉好，格局卻反而不管用了。

桃園某日本料理店，五個樓面的賣場，滿座時人聲鼎沸。卅年來老闆不知賺了幾千萬元，然而，目前卻落得抵押房子借錢。原因無他，嗜賭而已。從五千底、二萬底，一直到五萬底，輸贏動輒百萬；經年累月下來，久賭神仙輸，終而一身賭債。

老闆娘央人看風水，希望有辦法扭轉敗局。筆者告以此乃人的問題，與宅無關。坐南朝北，正北開門，長期的旺店，生意一直都好。但去年五黃入中，一白水星煞氣臨門，仍因債主登門索債而休業半年。今年九紫旺星到門，生氣四綠入中宮，重起爐灶，應有可為。

有些店面或辦公室，賺錢一、二十年，但有一陣子不順，即怪罪風水欠佳，這觀念不對。風水固然輪流轉，遇到煞氣的年份，或用水木解法，或挺一挺熬過去，都是正辦。千萬別亂敲亂打，改得亂七八糟，等到年運轉好，格局卻反而不管用了。

本人以前曾提及山坡地屋宅，有上邊坡及下邊坡之分，前者坐高向低，後者坐低向高。一般而言，上邊坡形勢多優於下邊坡。不過，坡度若不是很陡，及高低差不甚明顯時，形局優劣差異即不大。這得從住戶的遭遇、感受等實際案例來歸納，統合成經驗法則。

例如，汐止的瓏山林，建物為東西向，上邊坡朝西，下邊坡朝東。為社區內的感覺是，宅前的步道平正，而非高低差極明顯者，因此，形局上較無優劣之分。且自住戶的反應看來，似乎滿意度都在中平以上，少有倒楣或不平安的案例。如此則上邊坡、下邊坡都無妨矣！

桃園八德市有一家超商，坐南朝北，門開西北，煞氣相攻，經營一年，生意興隆，卻不賺錢，且店員流動率極高。業績好而獲利差，檢討原因是順手牽羊者太多，老闆不好意思抓，當然賠錢。盤點存貨，失竊商品達百分之五以上，等於該賺的全被偷了。

從前述實例來看，店頭不賺錢，各種因素，包括營運缺失都該探究檢討，不可一味歸咎風水運勢。倘能全盤改善，盈利應無問題。至於開店遇挖路、景氣衰退等不利情勢，宜果斷決定是否繼續經營；畢竟，為了面子苦撐是划不來的事！

三月六日驚蟄之後，辛卯月令是為花月，加上丙子年桃花之氣，交友嫁娶十分適當，宜善加把握。總統選舉投票在即，除了餐飲婚紗之外，各行業難免短時要受種種影響，特別是房地產，買者多觀望，賣者加把勁。至於選後，百業俱興當可指望。

盧尚大師 貼心風水小提醒

✤財位的正確概念，應是指具有財庫的作用。至於屋宅能否進財，主要得看門路形勢的吉凶旺衰而定。門開煞氣方的房子，災病退財避之不及，豈能奢談靠財位聚財？換句話說，風水格局欠佳的房宅，財位有等於無。譬如有人貧窮，家徒四壁，要保險庫何用？

19

吉旺宅住長壽人

命書滴天髓有云：「何知其人壽，性定元氣厚；何知其人夭，氣濁神枯了」。四柱命盤性定元氣厚，加上後天飲食與運動配合，要長壽不難；此外，住家宅居風水吉旺，亦對健康有所影響。

古代的人算命，除了問婚姻、財運、子女、事業之外，還要算看看究竟壽命有多長。從生物角度來看，能生存、活得久，最重要；而自社會觀點言之，活得好、活得快樂，才具意義。此即所謂「人生的價值」，也是現代人追求的目標。歷史上有許多事實的演變，和人的壽命關係極大。看來，活得久還是能佔些便宜！

例如，毛澤東、周恩來和鄧小平，三人皆為頂層領導人。毛在世時，周恩來一向排名第三、四，雖當了幾十年總理，黨內地位並沒有民間聲望來得高。倘若，時光倒流，毛在民國六十四年先死，周反而多活幾年，政治情勢必然不同。周有可能接班成為第一領導人，囊括總書記、國家主席、軍委主席等職。鄧小平的時代，或許晚些，或根本不會出現！

也因為鄧小平活得久，最後十幾年才能開創一番功業，把大陸帶向「四個現代化」的境界。可見，長壽往往是事業延續或蓬勃發展的主要因素！台塑的王氏昆仲、台泥的辜老，八十餘歲高齡，事業仍持續成長。第一代領導人能夠坐鎮，政商關係足以保護企業渡過種種險境。

命書滴天髓有云：「何知其人壽，性定元氣厚；何知其人夭，氣濁神枯了。」四柱命盤性定元氣厚，加上後天飲食與運動配合，要長壽不難；此外，住家宅居風水吉旺，亦對健康有所影響。諸如美國、加拿大、北歐各國的住家環境，多半潔淨清靜，故而平均壽命較高。

台灣之都會區，尤其是台北，女性的平均壽命達八十歲，居全世界前幾名；但農村或鄉下地方，統計數據變差了許多。這是環境使然？抑或是飲食、衛生、生活富裕與否的差別呢？

根據個人統計，台北市女性（以家庭主婦居多）買屋、租屋或租店面，央人看風水之比例冠於全台！舉凡開門、床位、爐台、廁所、財位等等，皆關切之。或因如此，她們較長壽？甚至，有些因「驛馬星動」而出國走走。是否真有這回事呢？舉例來說吧，今年庚辰龍年，辰戌沖；故肖狗者，如七一、五九、四七、三五、廿三、十一年次生者，或陰曆九月（戌月）生者，流年皆有地支相沖的動象。這種「沖」的力量，不容忽視！故此，搬家、出國、換工作等，十分常見！若工作或住家暫不想變動者，何妨出國走走？把「沖」的力道化解，或許不失為良方。

所謂「天人合一」，意指人的作為可以配合自然的作息和變化。如夏季脫冬衣，冬天關門窗，避開烈日寒風等等，此皆健康長壽之道。順天應人，除順著自然之外，對周遭人群之行止做適當的回應，而不要過激或太緩，以免招來是非休咎。總之，長壽多益少害，值得追求。

✤向有兩種，一為宅向，乃整棟建物的坐向；一為門向，指家家戶戶各個大門的坐向。

✤比起門向，宅向是不能變的，所以比較重要，影響也大。就像影響人成就的「一命二運三風水，四積陰德五讀書」，命是唯一無法改的，故其重要性列為首位。

✤宅向攸關建物所承受的日照與水氣；如朝東屋宅，正面是清晨的陽光；朝東南屋宅，正面是上午的照照；朝正南的屋宅，進門的是正午的陽光；朝西則見落日餘暉入門，俗稱西晒。不同時間、角度的日照，對居者的健康、宅內的濕暖、都有微妙的影響。

✤改變門向，乃無關水氣日照。是故概念上的坐向，應由建物迎氣及朝道路的一方來判定。

20

「吉祥物」有無神奇功效？

正確的風水觀念是：「善調氣，善借力」。倘若宅居或辦公室店面功能不足，或風水形局太差，何不考慮搬遷？守著敗運的衰宅，企圖以吉祥物的「磁場」改變形勢，不啻是緣木求魚！

這是一個推翻威權、打倒偶像的時代。許多在舊體制中享有崇隆地位者，如孔孟、大學校長、軍訓教官、師長、倫理……等等，幾乎全被顛覆。他們對社會機制的掌控力，已逐漸減退。然而諷刺的是，新的威權、偶像，亦不斷出現，成為社會的新勢力。

如幼年青少年，以卡通人物、漫畫主角、影藝明星為偶像。把生活或休閒重心都託付其上，出錢出力，全不吝惜。尖叫、追逐，更成為樂事。偶像商品化的結果，出版商賺飽了發行漫畫、卡通、唱片、演唱會的盈收。行有餘力，乃再推出新的偶像。

較講究現實的成人，則以政治明星、商場成功人物為偶像，羨慕他們享有的光彩與名望，包括善嚼舌根的演講專家、寫暢銷書的趨勢專家，都成了天之驕子。

追求精神寄託者，則把談空說玄、出禪入密的神秘行者當作偶像，晝夜逐之而不捨。偶有示現小小神通法力者，更被捧成仙佛之屬，朝夕膜拜而不悔。

偶像漫天飛的結果，家庭倫理、校園倫理、職場倫理都遭受最嚴厲的挑戰。飆車和出家是兩種極端，政治狂熱和緊急移民亦是兩種極端。社會的對立抗爭，紛擾不斷，顯示人人執著於自己的信念和選擇，而不願包容或同情異己。自稱習佛多年，卻不識金剛經上「凡所有相，皆是虛妄」的意旨，反而向裝神弄鬼之徒膜拜求智慧真理者，比比皆是。社會亂象之可畏，由此可見一斑！

談風水命相者，上電視買時段，用的頭銜最謙虛的是「理事長」。較不客氣的是「名譽理事長」、「權威」、「宗師」。更當仁不讓的還有「上人」、「上師」……。其實，風水或論命只是一種專業，和宗教、神仙沾不上邊。偏偏許多人將之列為「玄學」，而以神秘兮兮或擺出「救世主」的姿態來號召。

許多吉祥物的販售，包括各式各樣的水晶、天珠、雞血石、佛菩薩玉佩、念珠、八卦等，都強調能改善磁場、開運。並打著風水、命相的旗幟，作為行銷的通道。究竟這些物事有無實際的功效呢？

從實際的案例看來，大量購買吉祥物者，常是兩種不同境遇的人。其一為收入甚豐，生活富裕，並對搜集吉祥物有興趣。這些人以嗜好為主，但也覺得收藏品確帶來幸運或財富；順境的人比較有自信，認為成功是自己能力的展現，吉祥物只是助力而已。

另一種人則是屢挫屢奮，偏偏凡事不順，自覺已全力以赴，唯始終不從人願。此時易發奇想，思藉吉祥物改運並突破困境。在迷惑於吉祥物「神力」之際，正是騙徒最好下手的時刻。往往擺了一屋水晶、魚缸、發財樹、開運心經……，卻仍坐困愁城。

想靠著一粒寶珠奇石扭轉人生際遇是很渺茫的。筆者見過許多對吉祥物寄望極殷，甚至有舉債去購買的例子。正確的風水觀念是：「善調氣，善借力」。倘若宅居或辦公室店面功能不足，或風水形局太差，何不考慮搬遷？守著敗運的衰宅，企圖以吉祥物的「磁場」改變形勢，不啻是緣木求魚！

盧尚大師 貼心風水小提醒

✤古代「泰山石敢當」的典故，讓人覺得石頭是可鎮邪擋災。一般而言，鎮財有三種吉祥寶物，石獅、玉馬及石牛都有人用。內地人習用石獅，本地人喜用玉馬，客家人則多用石牛（或玉牛）。事實上，玉也是石，只有石材質料，始適合用來鎮財，因玉石來自土中，易吸納地氣，鎮財位較有效果。

✤玉馬鎮財，功用亦大。有些人家漏財嚴重，筆者往往建議在財位附近置一落地櫥櫃，再將玉馬擺在裡頭。櫃子充財庫，玉馬能鎮財，當可減輕漏財窘況。家中財位如恰逢儲藏室，乃十足的財庫，最好不過。

21 屋宅缺角，不宜忽視

一般而言，屋宅平面有明顯缺角，且所缺坪數超過一個卦位（約平面九分之一）時，通常會對某一年齡層的男女老少不利。缺角歪斜勿住。有些房屋基址，因建築線及畸零地問題難解決，將就以歪斜缺角的土地建屋，則居住者必受其害。如倒梯形的房屋、五角形的宅邸，或尖削長短不齊的形狀，都屬凶多吉少。

世道不靖，亂象四起，自殺事件，無日無之。從生態觀之，物類自我結束生命，顯示對境況改善感到絕望。某大學資優生投繯自盡前，簡單留了幾句話，「沒有什麼原因，我活過了，再見。」

「活過了」表示到世間來，不論遭遇順逆，反正瀟灑走一回，不必要有原因，生死事大，可以如此看待嗎？

多數的宗教，都反對自殺，認為自殺者的亡魂，不易獲得救贖。中國人且有一種說法，陽壽未盡之死者，會被囚入「枉死城」。總之，有冤有怨的自殺者，很難解脫。至於老病侵尋厭世自殺者，情況或許比較不同。

佛教的說法，阿賴耶識因種種緣由，生出人的色身，即如來藏生身。此身為因果循環之一部分，憑空截斷者（包括殺人或自殺），破壞了因果循環的平衡，將受到不利的另一種果報。

從八字命盤上，能否看出有自殺傾向？滴天髓云：「何知其人凶？忌神輾轉攻。何知其人夭？氣濁神枯了。」意指八字忌神多，或命盤氣濁神枯者，夭折自殺機率較大。當環境的變化劇烈時，難以承受壓力而走向自戕。海明威有一句名言，「死是一切災害最大的補償」，死真能補償一切嗎？也許無神論者會作如是觀。

承德路四段巷內，有一戶公寓，居住二三樓的人家，先後有兩位成年男子自殺。這種案例不免教人聯想，是否屋宅風水欠佳，令居住者困頓絕望，以致於接連自殺。

二人為兄弟關係，婚姻不諧，境況不順，分別走上絕路，其間只約隔了兩三年。

一般而言，屋宅平面有明顯缺角，且所缺坪數超過一個卦位（約平面九分之一）時，通常會對某一年齡層的男女老少不利。譬如缺西北乾卦，對六十歲以上男子不利，缺西南坤卦，對六十歲以上女性不利。東北艮卦是少男，正西兌卦是少女……等。

曾見天母北路某住家，坐北朝南，缺了正北和東北（恰為電梯間），男主人和八歲兒子先後過世，留下妻女。普遍看來，缺角發凶不至於都是死亡，但多病不順或麻煩叢生，倒較常見。信義區莊敬路一家缺西側角落，雙胞胎女兒接連往生，雖為罕見案例，卻教人驚訝唏噓。

亂世浮生，各安天命。善觀旺宅衰宅，認真趨吉避凶，差可保全身家妻小。即使運勢稍有不順，小心調適，忍他一忍，便能安度。乙酉雞年已到末季，戊子月己丑月，和流年干支皆為生合，天運有好轉跡象，禽流感入侵可能性不大。

貼心風水小提醒

✤有些基地因道路重劃之故，變成三角形或菱形，建屋時很難規劃。書云：「長短地出是非人」。如造屋有餘地，當削去斜腳另築倉庫或小屋，否則極為不利。

✤房屋前面或後方缺角，倘缺的是殺方，則影響不大，若缺的是財位或文昌位，則必主漏財或不利考試升遷。在西門町成都路廿七巷內，有一塊地即因後方歪斜呈三角形，名「退田筆」，七兄弟無能守祖業，終因負債而使大好地皮落入別人手中。新地主運氣好，談妥買下了削腳餘地，成為正長方形，如今順利改建賓館，即將開業，獲利已近二千萬元。可見地不方正，地氣不平，而財利自難期也。

22

宅氣陳舊，翻身不易

宅內爐台開關朝向，和居者健康干係甚大。譬如五十年次辛丑年生之男女，震卦命屬木，爐向忌朝西或西北，犯者災病特多；爐口正對門者，漏財損丁且女子婦科疾病不斷。

丙戌狗年伊始，五黃煞已發威。正西開門的房宅，流年運勢欠佳，譬如國民黨中央黨部，和台北市政府，宅運都不利。這兩處建物皆為坐東朝西，大門也在正西，五黃煞氣臨門，無事生非，無妄之災難免。目前兩個地方都是馬英九當老大，才開春就被K得滿頭包。

年底將進行北高市長選舉，人們認為藍營在北市十拿九穩，其實不然。如係現有市府團隊人馬出戰，贏面大概不大；甚至連出線參選都困難重重。國民黨遷移則宜加速動作，新居八德大樓好歹是坐南朝北，正北有九紫吉星飛臨，年運上加，獲得扳回些劣勢。

某前副市長被稱視為大熱門，卻宣示不參選，市民愕然，原來，他在等待關愛眼神。另一位省籍立委，條件佳、聲望高，基層紮實，部署妥當之餘並未露臉表態，原因也為了等待主席點頭。但馬老大自顧不暇，如何去替別人設想？這位立委之妻肖龍，自認沖太歲運勢差，不希望夫君參選，亦是令支持者失望的緣由之一。

綠營方面也是一團亂，任何人想出馬，都有阻力。看起來，丙戌火土之年，焦慮憂煎免不了。立春前後埃及沈船，罹難者七八百人，傷亡慘重，此即「天羅地網」，辰戌之年的可畏效應。今年要留意的月份，還包括四月壬辰，六月甲午，以及十月戊戌，都是火土之氣過旺。

好久未曾提及，宅內爐台開關朝向，和居者健康干係甚大。譬如五十年次辛丑年生之男女，震卦命屬木，爐向忌朝西或西北，犯者災病特多；爐口正對門者，漏財損丁且女子婦科疾病不斷。近些年來持續見聞案例，於此再次提醒多注意爐具的安放。

有人謂宅內某方位破損或漏水，會影響住者某部位，如肩頸或腰足不同程度之病情。此事可信，但驗證不易。日前在板橋看一舊厝，近卅年未曾修葺粉漆，頹敗陰暗。一家四口，老者有骨刺有洗腎，壯者長年過勞，體氣亦衰，一如宅居現況，人宅同病，自非好事。大同建成萬華等舊市區，老厝極多，更新不易。一般坪數不大，居者在狹窄幽暗的空間過日，期望事業旺發未免太難。尤其宅內有神桌香火，通氣既差，煙塵積垢又深，對宅氣不利。除了全面清理之外，別無他法。這樣的房子，想出售或出租，都有困難。

換居新宅者，既愜意又舒適；但常感到支出突然增加許多，不免恐慌。大概住上半年，情況泰半可趨穩定。須留意門窗是否過多，洩氣太重，宜加裝窗簾布幔遮擋，能收改善之效應。

盧尚大師 貼心風水小提醒

✤屋宇正面不寬，但極深長，這種傳統式的狹長屋形，短期難以旺發，因龍喫水的面太小；不過，倒是有可能長期平穩經營，聚沙成塔，亦可致富。

✤桃園大溪、台北三峽一帶，一些老厝多半是狹長形，一住數十年，甚至百年，不乏三代、四代同堂。這種屋宅，如係東西座向，中間須開天窗，否則子孫輩必出頑劣；而南北座向者，開天窗利財氣，不開天窗，先盛後衰，旺不過三代。

23

吉屋配置，廁所勿佔中宮

房市持續熱絡，購屋看風水者隨之增加。預售屋基地的確實位置，最好搞清楚，以免完工交屋後才發現有不對勁之處，譬如對著厝角。成屋則一目了然，廳房廚廁各安其位，選擇比較容易。須留意者，除門位之外，廁所勿居中宮或財位。

丙戌狗年，火土干支，對肖龍之人，或陰曆三月出生者，或辰日辰時出生者，或八字日主屬庚金者，都有相當大的衝擊。出生於夏季者，逢火土之年，尤須留意健康；狗年尚餘四個月，會發生什麼大事，甚難逆料。年初以來本人一再提及，辰戌天羅地網之年，貴人不臨，若遇災變，傷亡必重。故而險地勿臨，危邦莫入，俾保平安。

吳淑珍、陳幸妤、徐旭東、施明德，本年度名字上報率極高的幾位，生肖都屬龍。這些人的生涯，到今年出現相當大的搖撼，承受不住者，可能黯然倒下，或憂鬱沮喪。此外，有更多升斗小民，面臨生活經濟的壓力，如果運勢欠佳，保不定就此心灰意冷結束生命。自殺率高到一個程度，值得人們警惕。

文山區有一所幼兒園，雙語教學收費甚高。園址坐南朝北，正北開門，本是旺財的方位，開設五六年以來尚稱平順。今年五月左右突發奇想，鳩工裝修內外，花了數十萬元。

孰知六月畢業典禮之後，招收新生卻全面潰敗。原有六十名小朋友，一半升小學，剩下卅人，新招只得兩人，等於園內一口氣少了廿餘名學生。以每個月一萬五千元計算，月入少了四十餘萬元，真是不得了。

經過分析討論，二〇〇六年丙戌，東西大利，煞在正北，不宜動土。負責人不察，任意為之，且開工完工都未拜地基主，自然不利招生。非時動土，尤其一樓店面或住家，為禍之烈往往難以想像。

廿餘年前，西門町中華路上有一家人人百貨公司，坐西朝東，鬧區的賣場，生意過得去。民國七十二年癸亥，該年南北大利，煞在西方。偏偏董事會通過全面整修，並把地下一樓的超市移到三樓，三樓女裝搬到地下一樓。重開幕時還打廣告文案——你搬我搬人人搬，樓上樓下一起搬。

結果，不到兩個月，公司突然宣告解散，人員悉數遣走，承辦裝修工程的主管瞠目結舌，黯然去職。類此胡亂動土招來休咎的實例不少，不宜輕忽。如係甫交屋的新房子，僱工裝修則無妨，只要慎擇時日即可，因尚未入住，吉凶全無影響。

房市持續熱絡，購屋看宅者隨之增加。預售屋基地的確實位置，最好搞清楚，以免完工交屋後才發現有不對勁之處，譬如對著厝角。成屋則一目了然，廳房廚廁各安其位，選擇比較容易。須留意者，除門位之外，廁所勿居中宮或財位，為參考重點。

貼心風水小提醒

✤門是屋宅進氣之關，廁則為洩氣之竅。因此，廁所位置切不可佔屋宅中宮或財方。中宮乃宅心要處，豈容洩氣！中宮作廁，主災病退財。此處廁所指馬桶位置，浴缸及洗手台不算。

✤宅內財位，為聚財之方，廁居其間，如庫有破，漏財必矣！近年做股票或投機買賣，十做九賠者，多半財位逢破，大抵是廁所為害。最好能將馬桶移去，一離卦位，運勢丕變。

24 屋宅坐向如何選擇？

實務上觀察，風水形局平面配置佳的房子，恁誰來住都是平安吉祥，不必管它什麼坐向。易言之，形局差，門位廚廁配置失當，不論誰入住，都受其害。單純以坐向作為擇屋的要件，是不夠周延的。

年初以來本人曾一再提及，丙戌狗年風水運勢中的煞氣在正西，此方開門者，流年不利。才不過幾個月，即遇見許多案例，若非家宅不寧，便為營業不順。總之，災病退財，凶多吉少。

端節迄今的弊案紛擾，主角之一的趙姓男子，其位於民生東路住家，大門即在正西。當然，不是正西開門者皆有如此遭遇，而是運勢方面扣分，一旦自家的弱點暴露，便一發不可收拾。

北市復興南路上某辦公大樓，建物坐西朝東，八樓一家金融公司，大門開正西方。年初即傳營運欠佳，到六月已決定遷離。友人原擬承租使用，經提醒之後，猶豫了半天，詢問有何化解方法？

該辦公室平面方正，裝修華麗，當然吸引人。不過為此而冒運勢不利的風險，有些不值得。狗年尚餘七個多月，還得熬那麼久，能否過關呢！大門旁放置水缸或魚缸也只能治標，效應如何有待觀察。

考季已屆，從升高中、大學，到研究所高普考，補習班幾乎堂堂客滿。有些補習班老闆相信風水文昌的影響，不祇供奉文昌帝君、魁斗星君，也有集體將准考證影本拿到廟宇的神桌上祈福。

中正區某知名升高中、大學補習班，大樓門前的巷內，安奉石雕的文昌神像，日夜香火不斷。愈接近考期，供品也愈多。連年紀輕輕的青少年學子，亦跟著膜拜；畢竟，真能保庇的話，何樂不為呢！

除了臨時抱佛腳之外，流年的文昌吉氣也可運用。今年的四綠文昌星飛臨西北方，若此方為臥房或書房，則不妨讓考生使用。或許短短的幾個月，些微的吉旺效應，恰好協助考者低空掠過，達成自己的志願。

長年以來，接獲不少來電相詢，「我是××年次，買房子什麼坐向比較適合？」類似的問題，有一點值得商榷。一家有數人居住，究竟該以誰的「適合坐向」為準？此外，什麼是「適合本命的坐向」？有這回事嗎？

實務上觀察，風水形局平面配置佳的房子，恁誰來住都是平安吉祥，不必管它什麼坐向。易言之，形局差，門位廚廁配置失當，不論誰入住，都受其害。單純以坐向作為擇屋的要件，是不夠周延的。

丙戌年支為天羅地網，天乙貴人不臨，意即遭遇天災地變人禍時，傷亡必重，極難倖免。因此，人們必得善自珍攝，少管閒事，危地莫臨，危邦莫入。

盧尚大師 貼心風水小提醒

✤屋宅的座向，以宅體為主，而非玄關門向，不可誤解。坐北朝南，西南坤方開門，必主生旺。

✤坐南朝北，開東北門，亦是旺宅。近年堪宅，驗者無數。坐東朝西，西北方開門，文昌旺方，久居必旺。天母一位美術教師，居震宅乾門，出版工具書，一路大發，後來又購一戶一樓房子。文昌門最利文教業人士或上班族，遇者切勿錯過。

25

「失業族」脫困，善用文昌

要如何脫離失業的窘境？陽宅風水有時是管用的，實務上也見過不少驗證的案例。最主要即為善用宅內的一白官星及四綠文昌星方位的吉氣。

近些時「失業率」高低成了焦點話題。有謂「高學歷高失業」，有謂「女性失業率高」；總之，失業人口的多寡，代表社會勞動力的運用情況。同時，也是總體經濟的一項重要指標。美國華爾街股價指數常因失業率的高低而呈起伏，台灣慢慢也會感受到高失業人口的壓力。

對個人而言，失業不祇難堪，更重要的是沒有金錢收入，身心困頓，有志難伸。在此咱們來談談如何「脫困」，設法借力進入有薪階級的行列。陽宅風水有時是管用的，實務上也見過不少驗證的案例。最主要即為善用宅內的一白官星及四綠文昌星方位的吉氣。

例如今年文昌星在東南，官星在正北。倘若你即將畢業，想考研究所、高普考；或是正在覓職，準備應試面談等等，那麼你住家平面的東南方或北方，就是該借用的方位。如為房間，自可安床及擺書桌，充分運用文昌吉氣，對所求之事，必有相當助益。

要是文昌星恰好落在廚房、廁所、餐所之類的方位，使用不易，則有「聚氣法」可用。所謂聚氣法，即每日清晨燒一炷香，插於流年文昌方位（今年東南方）。毋需祝禱或許願，插香即可；取其聚氣納吉之力也。此法流傳甚廣，效果亦佳，特提供參考。

忠孝東路五段有一棟屋頂造型特殊的建物，屬於輔導會所有。坐正南朝北，前方恰有一條道路直沖。因此，該大樓的入口即開在左右兩側，以免直路沖門。但即便如此，在內辦公的機構還是感受到相當大的壓力；經費逐年減少，行事日益困難，可說是撐著度日。

剛成立不久的健保局，其台北分局新址，竟然分租在這棟風水欠佳的大樓內。可想而知的事，原來就夠亂的健保業務，恐怕更難就緒了。除了路沖之外，進門的櫃台也太淺，顯得空間狹小侷促，難以迴旋。該大樓最近打算整修門面，曾央筆者提供風水方面的建議，乃告以門前需用大型花槽遮擋。此外，櫃檯形式也得更易，期能改善境況。

衙門風水太差，政不通人不和自屬難免。例如捷運局，大樓雖地段好，但平面L型，找不到宅心，也缺了好幾個卦位，歷任局長都搞得灰頭土臉。高大、方正，氣勢佳的建物，才是官衙適當選擇。光是路寬財旺，徒然錢多，不見得有建樹。

瞧瞧台塑大樓、長庚醫院、大陸大樓、崇光百貨、國壽大樓，這些建物雖坐向各異，但論形局、地氣、龍勢，都屬上乘。如果服務大眾的官衙，能夠在內辦公，則不論行政效率、業務發展，都將有大體的改善！

盧尚大師貼心風水小提醒

✤文昌位主讀書考試及升遷，最宜充書房，或香火位置。倘遇廁居文昌，稱為「汙穢文昌」，對考試升遷均有不利影響。如宅主為市井販夫之流，自然無妨；若文教動腦之士，則不宜居此屋宅。

26 香火宜擇吉位安置

根據傳統的論說，香火宜安置在生旺方，最好是財位——旺財，或文昌位——利科名升遷。

香火安於煞方，不但正神不來，且極易招邪祟，必然家宅不寧。如神位安在頂樓，正前方宜寬廣，景觀不可太差。至於坐向，可按當年吉方安之，或以浮爐安之。

街頭巷尾的公寓大樓透天厝，十戶人家當中，約有三四戶宅內設香火位。祖先牌位神明金身，或兩者俱全；甚至不少辦公室、店面也供土地神或其他神祇。本篇且來談談，香火擺設相關的方位吉凶和實例。

根據傳統的論說，香火宜安置在生旺方，最好是財位——旺財，或文昌位——利科名升遷。現代住家，三四房兩廳加衛浴，騰不出什麼空間擺神桌，因此，有些變通的方法，提供實用參考。

先論香火有無風水效應，依「祭如在」的角度觀之，神明如同貴賓，公媽正像長輩，家裡宜有足夠空間，始可迎接祂們進住；不祇如此，還須避開種種不適當的位置，例如廚房門、廁所門乃至和臥房門相對，都不適宜。

神位對廚房廁門，不唯「不敬」，且易招來休咎，實務上甚多案例。內湖路一段近山邊某住家，公媽牌位置於餐廳的冰箱上方，正面對著廁所，看起來似有「聊備一格」的意味，此戶人家短短三年遭逢種種災厄，失和傷殘，處境極差。

公寓住家的公共空間只有客餐廳，一般神桌都在此找位置。早年徐州路台北市長官邸，神桌就放在屋宅後方的餐廳，日日看著家人進食三餐，當然，拜拜比較方便，也不像擺在客廳太醒目。

近時人們住家裝潢頗為講究，歐式、美式、日式風格都有。這樣的客廳塞入一張八仙桌或四尺二寸高的神案，極不調和。因此，變通之法乃在裝飾櫃或書櫃旁，以同樣色系材質造一處神龕，以美化整體視覺。

神位以朝向房屋正前方較適當，如屋宅朝北，同向為朝北。倘若形勢格局非安東西向不可，則宜近客廳落地窗，一來透氣，二來眺外方便，有自由來去的味道。擔心燒香會燻黑房子，可燒臥香或檀香代替，比較清淨些。

透天厝或安一樓，或安頂樓，不愁沒有地方。中南部家家戶戶進門就見神桌，有些人在頂樓設佛堂，遠遠望去，前方無阻，更有山水怡人之景色者，類此靈氣特別旺，對居者自然有利。

羅東運動公園旁農地，蓋了許多歐式宮殿型的豪華別墅。有一戶路易十四造型的大別墅，三樓佛桌正對公園中央的水池，景觀極美，靈氣煥發。據說會有路過的出家人受感應，還敲門入內參拜。

有些人安神位以流年利不利為考量，譬如今年丁亥干支，大利南北，不利西方，規劃東西向者，不知如何是好。其實依習俗，在香爐底下墊一張包金紙的紅紙，俗稱「安浮爐」，即可化解。俟明年東西大利時抽掉紅紙，一切安利。

未開光的神像，或當藝術品擺飾者，比較不講究方位。唯多數人仍心存敬畏，放置在高而潔淨之處。公司的土地公或其他如媽祖、關公等神像，常安排於財務長或負責人的辦公室。如宏碁的八爺，勁永的地藏菩薩，方位都很好。

工廠有危險性如鋸木廠、車床、銑床或化工廠等，福德正神宜安置廠內，員工都看得到，才有效應。店面如餐廳、剪燙店或種種零售店，則宜安自門外可見之處，能招來過路客，提升業績。

盧尚大師貼心風水小提醒

✤香火包括祖宗牌位及神明，宜安宅內生旺方，在財位主旺財，居文昌位主出科第。安香火覓吉位，要當是邀請長輩及貴賓到家裡來，應安奉在最乾淨、光明、舒適之處。故近廚、廁，皆非所宜。

✤祖宗牌位如有兩姓之必要，宜設兩具牌位併列，安兩個香爐，切勿共治一爐，以免陰靈相爭，殃及陽世子孫。

✤神明分安畫像及金身，如奉金身，宜為單數，或一尊、三尊或五尊。因單數為陽，雙數為陰，有不足，補之則無咎。神案須有明燈，日夜都亮才行，所謂「鎮宅光明」，豈可漆黑一片！

27 談園藝風水

一般看來，宅內的樹葉，圓形勝於尖形，大勝於小。綠樹佩紅結，象徵木生火，也受肯定。盆栽擺在室內的正東方、正北方，是水生木；擺在正南方或東南方，是木生火。該選擇什麼方位，視本宅五行喜忌而定。例如缺火氣者，宜擇正南或東南方。

駕車或步行經過北市敦化北路台塑大樓，會發現樓前庭院各種不同的樹，都修剪成方或圓的形狀，尖形一株也沒有。郭姓首富家族墓園裡的草木，也整理得有特別的模樣，包括生長的位置，絕不會怪異或礙眼。類似這樣的作為，便屬於園藝風水的一部份。

中南部一向以透天厝為主要住居，北部近十幾年也開始風行，但後者多半有庭院，售價較高，也因此重視園藝，肯在上頭多花錢。開挖水池、種花樹、砌假山，除了美觀，風水往往也是重要考量。有些別墅內建泳池，挖偌大的洞豈可不留意方位吉凶？大石的擺設，也甚關緊要。

公寓大樓住家，盆景植栽常見；屋頂有露台或陽台較寬者，有些更細心經營，弄得滿室妍艷，花樹盈門。宅內的木氣究竟多少才夠？或可能過多？哪一種形狀的葉子較吉祥？針葉是否不利？各式各樣的物事和問題，都被人們拿來討論。

一般看來，宅內的樹葉，圓形勝於尖形，大勝於小。綠樹佩紅結，象徵木生火，也受肯定。盆栽擺在室內的正東方、正北方，是水生木；擺在正南方或東南方，是木生火。該選擇什麼方位，視本宅五行喜忌而定。例如缺火氣者，宜擇正南或東南方。

有人認為葛藤類和「糾葛」相近，擔心招來是非，事實上並無其事。不過，心裡毛毛的，就別去碰它，主觀效應有時十分強烈。庭園裡栽花植樹、鋪草皮、挖魚池、放大石，專家有一套作法，風水先生也有另類看法。例如，榕樹龍柏不宜，前者太陰，後者又尖形主火煞，園藝業者即不認同。

轟動一時的洪若潭大宅滅門案，懸疑未釋。三千坪的宅院，花草石木水池，應有盡有。據曾前往現場看宅的地理師表示，園內的水木土排列，雖尚相稱，但五行逆勢，即水土相剋，木土相剋，居者易有衝突事件加身。宅主本性剛強，或許不願曲意遷就他人，遂自尋絕路。

一位前全國工業總會理事長，擁有陽明山仰德大道柏園山莊的別墅。建物三層樓約百坪，庭院也有近百坪。花草大樹魚池之外，加上五十坪大小的泳池。當時宅主感覺，每次度假之後回一品大廈住家，常會發生倒楣事件，因此認定別墅風水不對勁。

前述台塑大樓門前修剪樹葉形狀，即是依五行來分：尖形屬火，大忌。長形屬木，不討喜。圓形屬金，利。方形屬土，亦吉。波浪形屬水，少人用。建商推案的接待中心，前方園藝布置，多半很講究風水，包括噴水池、草地形狀，以及室內盆栽種類和放置方位，都在考量內。

巨石取得不易，一兩噸重者，需花數十萬元。方位不對，反主刑剋。例如坐南朝北房宅，西北方（左前方）為煞位，逢巨石名「捶胸」，主人易罹心血疾病。西北方種大樹，亦主心疾；挖水池，腎疾。這些說法，可印證者不多，僅供參考而已。

大樓公寓頂樓露台或陽台，不論水木盆栽或石頭，都不傷地氣，不破地靈，因此在方位選擇上可較具彈性，但總以美觀合理、順眼吉祥為主。

盧尚大師 貼心風水小提醒

✤ 室內擺飾——盆栽以闊葉植物較佳，特別是有的屋宅廁居中宮，且不透氣；則將闊葉植物置廁內，可去濁留清，改善屋氣。

第二篇

積德精勤　補運改命

依照筆者四十餘年相宅的實務經驗，住家風水對人的影響，僅有加分或減分的作用，並無命定性吉凶的效應。

有問天時地利何者重要？天時吉凶個人無法改變，只能自家調適順應；而地利風水則可掌握改變。因此，順天應人，掌握地利，自是成功要素。

28 頂級宅邸風水也掉漆？

依筆者相宅四十餘年的實務經驗，住家風水對人的影響，僅有加分或減分的作用，並無命定性吉凶的效應。一般而言，對於健康、財運、婚姻及各方面有些影響，除非該房宅是十分凶險的形局，否則，人是有命有格局的，總統搬了家還是總統；小民換了房還是小民，住家風水改變不了根本的富貴窮通。

近時食品詐欺風潮愈演愈烈，許多大廠紛紛中箭落馬。其中有財貲數百、數十億的鉅商大富，有跨岸聲名卓著的廠牌。這些涉入黑心商品的企業主，在東窗事發之前，多半是形象好、勢力大的類型。倘若早個一、兩年，找風水師去瞧他們的廠房住家，肯定少有人敢斷言，你即將倒楣了，家大業大唬倒人，風水命理師大概只能說好話。

以帝寶為例，年中有胖達人事件，延燒到所謂「帝寶幫」。一干人出庭的出庭，交保的交保。把吉宅旺邸的印象打了個折；如今更大咖的也涉案交保，人們或許會質疑，如此高檔的樓宇，風水哪兒出問題呢？

依筆者相宅四十餘年的實務經驗，住家風水對人的影響，僅有加分或減分的作用，並無命定性吉凶的效應。一般而言，對於健康、財運、婚姻及各方面，有些影響，除非該房宅是十分凶險的形局，否則，人是有命有格局的，總統搬了家還是總統；小民換了房還是小民，住家風水改變不了根本的富貴窮通。

然而，同一個住宅聚落的居者接連出事，難免給人特殊的聯想。電視名嘴一貫趨炎附勢，吹捧富商大官，說他們住家風水有多麼吉旺，什麼九五之尊，什麼招財進寶。如今人們瞧見了，出庭時遮臉抱頭，不就是普通人，哪來那麼多神奇感應，天命富貴？

總統、閣揆，有的任期制，有的朝不保夕，何來稱上貴不可言，或天命呢？人雖受命理制約，但並非不可改變，精進努力，勤能補運，積德能改命，這些較善心的論述，值得現代人參考。而惡報現形，也有不少實例。

譬如幾位曾任高官，卻觸犯貪污罪，如今關入牢房，各位大眾警惕！這不關風水旺衰，而是是非善惡。當然，好運時候官場得意，財源滾滾而來；一旦好運用完了，所集的罪行全變為惡報，身敗名裂。不只官場，商場亦然。再好再吉旺的厝邸，也化解不了被揭露後所需面對的困境。

從實務上來看，確有很昂貴闊氣的大宅邸，風水形局欠佳，居者因而跑路的實例。新店某山區山坡地社區，有人買了一戶逾兩百坪的別墅。那是邊間，右側臨著山崖，地形呈梯形，等於右後方多出一片削腳地。當時建議須特別處理，以園林配置化解長短地。

此人原任某證券公司董事長，財力尚佳。彼時股市正火紅，這位買到房子的董事長也很風光，根本不在意風水細節，於是宅的弱點始終存在。大約過了兩、三年，股市轉疲，宅運亦走下坡，最後弄到債主上門，拍賣不動產抵債，也失去董座，可謂大敗。

大直的水景第一排豪宅，十多年前猛打廣告，商界名人入住者不少。坐北朝南，門開正東或正西，皆非旺方。因此，這麼高總價的花園社區，居然出現好些法拍屋，足見高價房屋和風水吉凶並無特別關連。

民生社區的老公寓，房價高昂，雖已是卅年以上的屋齡，但風水形局仍佳，居者發展大致都好，這也是該區段房價能撐住的最主要因素。

盧尚大師 貼心風水小提醒

- 屋宅方正，居者健康。西北（乾卦）角缺，不利男主人；東南角缺，不利女主人。
- 格局方正，實係擇屋的重要條件之一。
- 平面方正，八卦卦氣均衡，男女老少皆蒙其利。若有一卦缺角，有時不利，有時無妨。如小倆口剛結婚，只有廿多歲的人居住，則西南、西北缺角，並無影響。不過，若住缺正南（離卦），或正北（坎卦），年輕夫婦將受影響，健康方面會變壞。

✤屋宅風水運勢凶者改之，吉者居之，相信財運必能改善。

29 依山傍水豪宅一定旺嗎？

風水論述極重視安全，山限水崖景致雖然美好，但「龍神強固」仍為重要考量。基礎結構或地質不牢靠，或山水反背無情，有崩坍之虞，有漫淹之憂，皆非吉地。

日前美國康乃狄克州有一處莊園出售，成交價創單一住宅的最高紀錄，達一億二千萬美元，引發各方注目。許多媒體圖文並茂，解說此宅有多麼大多麼美，其中依山傍水是最明顯特點。

自然景觀和環境條件，本即是風水形局的根本。這座超高價的農莊佔地廿公頃，地域大，總價當然高。因此，高價並非吉旺的同義詞或要件。不過，以其背山面水的現況，有機會調整到最高狀態。

現今都會區頂級豪宅，往往以視野為主，如大公園綠地，河海湖泊，山坡林園等等。從風水實務來看，的確屬於優質的形局。以全球首富比爾蓋茲為例，他住的超級科技房屋即緊傍西雅圖的華盛頓湖。坐東朝西，正面是大湖形局極佳。鄰居是星巴克的老闆，同屬「富者樂水」。

四大金磚國當中，亦有那超級富豪，蓋了一幢六十餘層的住宅大樓，只供自己一家居住。比起來，這類高樓的形局當然不如山水有情的洋房。台灣富豪喜歡帝寶之類形式的住宅，主要是安全考量。畢竟，防盜賊搶匪比之防天災地變土石流或淹水等，還是優先選項。

風水論述極重視安全，山隈水崖景致雖然美好，但「龍神強固」仍為重要考量。基礎結構或地質不牢靠，或山水反背無情，有崩坍之虞，有漫淹之憂，皆非吉地。這和看陰宅有部分共同點，而後者更講究，倘土質欠佳，則亦不許落葬，還不如放在大型靈骨塔，省卻評比吉凶的麻煩。

才不過十餘年前，台北盆地較偏處，近山看水的區段，曾建了許多景觀別墅和大樓。當時房價依地點而定，故郊區房價稍低。時至今日，看山水河流湖泊公園者，身價已漲到一種程度。是風水使然？抑或市場需求變化？總之，人們漸漸重視景觀，依舊是往好風水接近一步！部分人在意山上有電塔、寺廟，或溪河的水流方向，或曲弓或直射或圍抱，都具種種風水效應。由於眼見為憑，居住者天天登樓眺望，瞧見那些扎眼的物事，不免心生煩惱，所以將生活工作不順的遭遇，歸咎宅居周遭的形局。這種主觀效應，正是風水名相的影響所在。

現代都會區的新式建築設施極多，有些被指為妨害風水，連停車場進出口也看不順眼，甚至社區中庭的園林雕塑，亦列為嫌惡物事。至於鄰近較低透天厝頂的水塔突出物等，更有礙觀瞻，不過，那些並不一定會造成不利。

圓環沿線的樓房，倘若建成弧形，則無反弓之虞。仁愛路四段、敦南路口，房價極高昂的地段，當初風波四起，如今悄無聲息。許多大樓改建之後，似乎平安多了。由此可見，圓環亦非風水抗性。何況道路交會，水氣暢旺，財氣或許更旺。

淡水新市鎮雖然偏遠，但空間開闊，遠眺有山有水，整體風水形局甚佳。目前多數人以低價買樓進住，或許有那麼一天，該區段會因具備美好視野景觀而提升身價。

至於和市中心相距多遠，和風水全不相干。看人們假期多麼愛住郊外的民宿，即可窺其一斑。

貼心風水小提醒

✤依山傍水的房子環綠傍翠風光怡人，但適不適合居住呢？背山面水，形勢本佳；唯開門見山，且其勢前俯有壓我之狀，則不宜考慮。至於山或在左、或在右，吉凶如何，端看所佔卦位。

30

廟宇教堂有利？不利？

根據前人的看法，房屋的正門面對廟宇祠堂，都是不好的，尤其是該廟宇如恰好坐落在本屋的煞位上，則更易招致災病官非等凶事。關煞歌云：「神壇橋廟關煞方，小口多災婦守孀」，如意前述，即關方（指正對面）或煞方有神廟之類的建物，極易影響居家的平安。

台灣是宗教自由發展的地方，寺廟的神壇宮殿教堂聚會所，散見於都市鄉村的街路巷弄，可謂無所不在。台中市有一個里，據說出現五十多座廟宇，為數真多得叫人喫驚。倘若像從前的說法，這類物事對住家或辦公室乃至店面，具有相當程度的吉凶影響，台中那個還能住嗎？

即使在中正區、大安區、中山區，房價極高的街路，仍有不少教堂、寺廟、神壇。在房屋買賣時，有些買家會視為嫌惡事項。在討價還價過程中，常拿來作為砍價的籌碼。連租宅或租店，也被挑剔要求降價。且從實務上來談，這些會不會影響風水。

以北市新生南路二段、三段的身價，居然還有好幾處寺廟、教堂。當然，宗教團體的財富資產向來都是豐碩，無須拆屋改建大樓，何況仍有源源不斷的收入，問題在於周遭住家辦公室的觀感，有些人長期耿耿於懷，認為教堂十字架影響健康。世間難驗證的猜測極多，此為其一。附近幾十戶人家全看到寺廟或教堂，何以有人沒事，有人則不適？心理作用抑是疑神疑鬼？

從世俗眼光來看，宗教或神靈既然為人們所信仰，顧名思義，自然有益於信眾。卻為何神的殿堂不受歡迎，連號稱守望相助的社區小土地廟，也有人再三詢問，這有影響嗎？究竟會影響什麼，問者自己也不知道。無知是恐懼的根源，誠哉斯言。

一般的想法，鬼神之氣不利於人，故居家不喜接近寺廟教堂。另有一說是，建築型式飛簷勾角，像龍山寺、行天宮。不過，這兩座知名寺廟周遭，倒沒人說風水不好。清真寺的圓頂，摩門教的尖頂，中正紀念堂、國父紀念館的紅藍白綠簷角飛射，也和廟宇寺廟差不多。

以專業的角度觀之，建築物風水既是空間物事相關之學，當然比遠近比大小。例如，大路財勢一定旺過小街；高樓形局多半勝於低簷矮屋。因此，不論什麼宗教的神殿寺廟，多以建物高低大小來評斷。彼高我低，我居劣勢；我高彼低，則彼雖寺廟亦不足為患。

現今大樓動輒十幾二十樓，而一般教堂廟宇最多不過三、五樓高，形勢相較之下，居者不必擔心，風水形局吉凶不會有什麼影響。除非居於窄小巷弄裡，不巧和神壇聚會所對個正著，有些沖著大香爐，有些沖著放紅光的大十字架，靈異效應如何，沒人知道，但視覺就很不順暢了。

因此，在這個疑神疑鬼的社會，連停車場出入口都被嫌惡，更何況是廟宇教堂。然而實際影響已如前述，目前住在鄰近者，心裡有數，無需隨著旁人說法，怕這個怕那個，房仲業務員自己得有一套說法，才能促成交易。

上教堂進寺廟，用意常各不同，如行禮拜，或為亡者彌撒；像寺廟有處理喪禮的，後者較易被視為有「陰氣」。尤其在住宅區人口密集之處，往往在房屋出售時會出現抗性。總之，人都會死，卻極畏懼先亡者，連辦喪禮也排斥，豈非是種荒謬的現象！

盧尚大師 貼心風水小提醒

✤神前廟後起樓要謹慎。一般的想法，鬼神之氣不利於人，故居家不喜接近寺廟教堂。

✤現今大樓動輒十幾二十樓，而一般教堂廟宇最多不過三、五樓高，形勢相較之下，居者不必擔心，風水形局吉凶不會有什麼影響。

31 災病退財，闊葉樹可解

風水體質好的屋宅，平時吉旺平順，流年偶有不對勁，殺傷力也不大。但若風水體質原即欠佳，如缺角、門開煞位、廁佔中宮或財位等等，再遇二黑之類的凶星，則倒楣的運勢恐不可免了。

房地產市場冷熱，相當於經濟指標。今年以來，新成屋去化順暢，高檔房價工地也不差。前者係拜政府優惠房貸之賜，後者多仰仗產業界的「電子新貴」撐場面。其餘產品的銷路，則恰和景氣相符—平平。

己卯年上土下木，尤其上半年丙丁戊己火土月令，股市房市都較前為熱，唯下半年金水干支，氣勢較差。股票族宜保守，才能保住上半年的戰果。至於預售工程推案，顯然期望不宜太高。

紫白九星是近年陽宅風水實務上應用最普遍者，連日本的風水先生也用這一套，當然，和台灣的論法略見差異。有關二黑土星飛臨的卦位，流年吉凶如何，看法亦有不同之處。

九星之中，諸星的性情互異，二黑為病符，且對坎宅（坐北朝南）而言，土星算是煞。有爭議的是，對其餘的宅，除了病符的效應之外，是否也不利？例如，破財、不順、傷病……等等。

前些日子在台北市鑑測幾處建物風水，恰巧大門都在西北，而今年二黑星即是飛臨西北。這幾戶人家和企業確實流年不利，損財、災病、官非，接二連三。看來，二黑臨門，吉少凶多。

一家土地開發公司，以休閒產品為主，採預售方式，全力推動。辦公大樓坐北朝向南，大門在西北。開春迄今半年，業績萎縮，人員流動頻繁，老闆束手無策，甚至手頭甚緊。

更糟的是，老闆的住家，大門也在西北。房屋坐南向北，流年二黑土星本是洩氣，可是洩氣也不見佳。股票、期貨都輸錢，還有高血壓（成天紅著一張臉）、痛風等慢性病纏身。

另有一家旅行社，位於中山區，坐東向西，門開西北。對震宅（坐東向西）而言，西北本是四綠文昌吉旺方，雖然流年二黑到卦，並無大礙，反而因擴大營業，由卅坪的辦公室遷入五十多坪的新大樓。

由此可見，二黑土星飛臨之方位，不利居多。解法不難，可用闊葉盆栽放置於西北方，倘係大門，則內外均可擺盆栽。臥室不宜太大盆，唯葉子要多要密，勿靠近床頭。明年立春後二黑改飛正西，西北方即解除警報。

風水體質好的屋宅，平時吉旺平順，流年偶有不對勁，殺傷力也不大。但若風水體質原即欠佳，如缺角、門開煞位、廁佔中宮或財位等等，再遇二黑之類的凶星，則倒楣的運勢恐不可免了。

盧尚大師 貼心風水小提醒

✤大樓戶數多者，往往有些後棟的屋宅，室內少見自然光（低樓層者尤甚）。這類房子，不唯對居者健康不利，對財運方面影響更大，最好別住為妙。日照水氣均衡的房子，平安財利才可兼得。

✤落地窗太多，洩盡屋氣，亦屬不利，別墅型房子每多此例，居者先平後退，終而非搬走不可。

32

讖語紛至，寶島居民難安

有人問及，看風水能否看出災變，或房屋的運勢，會不會倒等種種徵兆。自理論而言，居家龍神不穩，居者不安。例如鐵道之旁，火車呼嘯來去，住戶日夜不寧，謂之「龍神振動」。

記得一九九五年閏八月被傳為台海戰亂的「天運」，一時謠諑紛起，有人藉機出書發財，部分寺廟神壇則藉消災賺取香火錢。

當時筆者應邀為某晚報寫了一篇具「闢謠」作用的文章，開場詩如下：「讖語何來毋庸猜，祇說棗圓堪避災。市井轟傳閏八月，如今已到眼前來。」該文於閏八月初刊出，駁斥由「曆法」看天運的說法，並提醒讀者勿因此「亂投醫」。例如喫棗煮湯圓，捐錢祭鬼神……等等。

事後證明，黑色的軍事預言，畢竟是胡謅出來的。然而，今秋九二一大地震，由於災變來得太大太快，傷亡損害之餘，人心仍惶惶不安。周遭鄰人親友，即使居家遠離災區，懼怕的程度，猶自不輕，夜寐不寧者，比比皆是。何況，市井屢傳某日某時還有大震，更加擾亂人心。

神壇出乩，游談無根。就算附身說話，亦不知來者是誰，何方神聖。如果九二一之前，即曾準確預言，一語道中，則嗣後開口，值得遵奉。若是湊熱鬧的胡猜瞎說，又何懼之有，何必聽信？

有人問及，看風水能否看出災變，或房屋的運勢，會不會倒等種種徵兆。自理論而言，居家龍神不穩，居者不安。例如鐵道之旁，火車呼嘯來去，住戶日夜不寧，謂之「龍神振動」。

至於地基沒打好，或山坡地造屋，結構是否穩固，只有土木技師能看出來。可是，山隈水崖居家，形局本有險象；如「山不可近，近者欺我。水不宜抱，抱者困我」。當然，那是指形勢不利，駁坎在宅前宅後，土石流崩落，屋毀人亡。或河海之畔，一旦漫水，淹沒財物人命。

由此可見，風水的形局（大環境）即是考量安全舒適與否的首要標準。都會區則無從觀察，地底下是否斷層，抑是地龍奔馳翻滾的路線，誰也不知道！

十多年前曾上南投信義鄉的神木村看宅，海拔三千多公尺的住家。該戶居者家道敗落，年輕人酗酒怠惰，年老者老病侵尋，茫然度日，不知前途何在，彼時曾建議遷居山下，因屋宅正對「五輪」，即五重山峰，五黃高起，煞氣驚人。大家都說不好，卻無力移居平地。幾回土石流，神木村早已奄奄一息，再遇強震，恐灰飛煙滅矣！

南投水里盛產梅子，此次受災似不嚴重。幾年前，筆者曾赴水里一處透天厝工地（預售屋）；聽當地人說，李總統有一戶別墅在水里，為的是要鎮住林洋港在魚池鄉的祖墳風水，欲求總統大選獲勝。鄰里傳聞，真假難辨，聊充喝茶下酒話題。

盧尚大師貼心風水小提醒

✤五層山，稱為「五輪」。五重山峰，五黃高起，正對屋宅，煞氣驚人，以風水論，宜早搬遷。

33

閏八月震盪——從風水理論看台灣人的恐慌心理

人們從大自然攫取過多資源，破壞生態平衡，亦將遭遇更多不測災變，斯乃自然的反撲，也是人類須付的代價。因此，人類應學習更理性，並培養開闊的胸襟，以減少因貪婪而引發的衝突，俾能安然面對未來不被看好的艱險世道。屆時，任何形式的預言，都無由攪亂人心，也不再撼動社會。

讖語何來毋庸猜，
祇說棗圓堪避災；
市井轟傳閏八月，
如今已到眼前來。

兩千多年前，秦始皇為「亡秦者胡」的讖語寢食難安，乃遣將調兵北擊匈奴，並築長城以阻胡騎。可惜歷史來不及告訴這位貪戀帝位，妄求長生的暴君，「此胡非彼胡」，秦王朝終究是在胡亥手裡亡掉的。

廿個世紀後的今天，台灣住民同樣為了黑色的軍事預言而大肆騷動，「閏八月」三個字引爆了大夥潛在的恐懼。從而，連貝里斯、帛琉這些地圖上找不到的小島，也成了眾人爭相移民的去處。拋股票、賣地產，整個社會攪得紛擾不安，人心惶惶。

閏八月原是純曆法的問題，竟教人硬生生把文章作大，把話題給炒熱了。不過，以島上住民算命、看風水、通靈、扶乩等，近乎氾濫的程度，可知現代人仍秉承祖先擅於穿鑿附會的本性。對於新奇的預言，自然照單全收；而後，我嚇你、你嚇我，無端製造了夢魘。

從現實面來看，今年全世界的人都碰上閏八月，按其說法，每個國家都會有兵戎戰禍。但前述預言，只針對台海，繪聲繪影，邏輯上委實說不通。其可議之處，正如國內有人以紫微斗數預測股市行情。試想，全世界有多少股市，漲跌互異，何以斗數諸星感應，只影響台股漲跌？東京、紐約、倫敦的股市，又被何者宰制？

中國人是相信命運的民族。大的方面來說，萬里江山落在一姓一人手中，輒必稱「天命所歸，非人力也」。如高祖劉邦，出身草莽，竟得天下。又如明太祖朱元璋，曾經落髮，卻據帝座。從客觀角度來看，不可能而變可能，則只能歸於命、運、風水的莫測因素了。

自小的方面言之，有人不學無術，而成巨賈；有人才高八斗，一世不遇。其間難解之處，亦悉委之時也運也。近些時，前世今生的因緣果報說法，更以大量資訊攻佔人心，教人認命。

從堪宅論命的實務來看，愈相信風水者，受風水的影響愈大；愈依賴算命，受命運左右愈明顯。譬如某人很在意他家門前的電桿，認為不利風水，故而每每把所有不順的遭遇，都歸咎於那支無辜的電桿，必欲移之而後快。有那麼一天，電桿果真移走，心中疙瘩既除，日子自然暢快多了。

或有人相信水晶、雞血石、天珠可帶來幸運，供於宅內財方。此後，金錢或事業偶有斬獲，都歸功於吉祥寶物的庇蔭；即有拂逆，亦自我安慰，幸賴寶物鎮宅，改變磁場，否則必更不堪！

上述適例比比皆是。此係心理因素使然，所謂「心生種種法生」，甚至行止作為都受風水命運宰制，此乃玄學的主觀影響。「閏八月」在這段時日即扮演此角色。世界之大，輪替自多，天災地變，本無日無之；人禍遷延，亦從不間斷。但黑色預言的領受者，卻統統將之歸於閏八月的凶兆效應。愈傳愈烈，乃至砲聲彈影，草木皆兵。

事前檢視預言靈驗與否，應察其論說之支撐點為何，及有無驗證適例。如十九年前（一九七二）、卅八年前（一九五七）均為閏八月年份，唯迄今世人並無特別印象，故以閏八月言台海戰事，純係穿鑿附會。該書作者也自承交戰可能性不大，強調出書旨在提醒國人謹慎應對，勿啟戰端。

然則，今年的運勢又究竟如何呢？依風水理論言之，一九九五乙亥年，紫白九星值五黃煞氣入限，刀兵水火，原不可免。環顧全球各地，烽火、旱澇、饑荒，災變戰亂幾乎遍一切處。解讀這套風水說法，在立春（明年二月四日）之前，亂象恐難稍戢。

綜觀世事演變，無非集眾多偶然，而串成必然。一旦勢成必然，往往無從扭轉。若預言者體察時勢，洞悉人性，則常能先人所見，一語成讖。唯論今後人間世事，只會愈趨混亂，天災地變人禍，亦將有增無已。試想，全球人口在二、三十億時，已發生兩次世界大戰，與難以計數的區域戰爭。如今世界人口增加到近六十億，則各方利害衝突、意志摩擦、意識抗爭，又怎可能不增反減？

此外，人們從大自然攫取太多的資源，破壞生態平衡，亦將遭遇更多的不測災變，斯乃自然的反撲，也是人類須付的代價。因此，人類應學習更理性，並培養開闊的胸襟，以減少因貪婪而引發的衝突，俾能安然面對未來不被看好的艱險世道。屆時，任何形式的預言，都無由攪亂人心，也不再撼動社會。

盧尚大師貼心風水小提醒

✤心生種種法生。人若能明自性，風水命運亦是世間小道，身心安頓於人生風雨之中，返本歸源。

34

骨塔對墳區，退避三舍

旺宅遇背運時，殺傷力不大，就像體質強壯者偶罹小疾，終無大恙。而衰宅縱逢吉運，受惠亦甚微，倘很不幸再遭厄運加臨，就極可能死病交加。

本文前曾提及，台南仁德一間坐東朝西農宅，因形式格局均差，短短時間內，宅主臥病，長女猝逝，鬧得全家心驚膽跳。事隔兩個月，筆者赴南市五期重劃區看工地風水，又聽聞該宅女主人已住進醫院，且情況不妙。

當初建議他們搬家，另覓光明方正居所，以免家運持續傾頹。但鄉下人認為，自己有房子不住，怎麼還去租屋當房客？殊不知屋宅的氣對你不利時，如無改善方法，只有搬離一途。否則，往往越陷越深，破財猶自可忍，傷身就太不堪！

一般常說「風水輪流轉，好壞都有份」，此言不差。旺宅會遇背運，衰宅也會有好運。不同的是旺宅遇背運時，殺傷力不大，就像體質強壯者偶罹小疾，終無大恙。而衰宅縱逢吉運，受惠亦甚微，倘很不幸再遭厄運加臨，就極可能死病交加。

嘗見報載社會新聞，有不幸之家待救助者，多係「男主人癱瘓，女主人車禍，數名小孩無人照應……」之類的悲慘故事，常讓人覺得他們陷入真正的絕境。有時親往探視，發現其宅居簡直差得難以想像。處在這樣的空間，能有啥麼好運呢？好事怎可能輪到他們呢？說來教人心酸！

公用建物看風水的，不是沒有，可惜往往是惹出麻煩或出紕漏之餘，主管擔心福禍難測，才央請風水先生來堪鑑一番。而此刻再來東搬西改，恐怕時機上太遲了。例如當年十八標事件，交通部長簡又新找人去看風水，搬方位，末了還是得下台。而中標局的楊崇森局長，雖藉密宗加風水的力量，卻也落得掛冠去職。由此可見，事後扭轉敗局，困難重重；何如建造之初，即詳予參究規劃，縱有事涉迷信之譏，總勝似倒楣收場。

交通部自郭南宏、張建邦、簡又新、劉兆玄的歷任部長的遭遇與出入看來，顯然風水氣勢是欠佳的。想要大展長才抱負，最好還是喬遷他處，另覓旺宅。

嘉義民雄將興建文化中心，由於周遭有墳區、納骨塔、鐵道等，外六事氣較雜，主辦單位擔心規劃不當，影響未來營運及維護上的平順，故邀筆者南下堪測，提供立向、開門的意見。

該基地有五公頃大，正東為寬闊的省道，正南為骨塔，正西為鐵道，經過一番審議，決議讓主建物坐西南朝東北，避開不利的物事。而道路在東方為生氣吉方，對未來的聚人氣及營運面都有助益。事實上，公家建物包括衙門在內，若能留意的風水格局，於推動政策方面，相信會有一定的成果。

盧尚大師 貼心風水小提醒

✤ 陰陽宅混居，必難旺發，人氣不敵鬼氣，多災多病。數年前，內湖路一段有一處內湖新城，往裡走有一片社區，近山起屋，與墳為鄰；筆者進出十餘次，目睹不少陰氣作祟的實例，換言之，墳多屋少，居家不平安者甚眾。

35 桃花門弄人，婚外情多

陽宅風水有所謂「桃花水」之說，開門亦然。十二地支的子、午、卯、酉，稱為四大桃花，凡屋宅坐向開門恰好吻合，則桃花事件發生機率較高。

樓層太高，地氣不足，喜星難入。未婚女子不宜居十樓以上高度的住家，否則論婚嫁比較困難。蓋喜星之氣，乘風則散，不易入門。

嘉南地區某城鎮擬建一座文化中心，提供民眾聚會及表演場所。由於土地取得不易，最終是搞到一塊四周與鐵道、墳場、靈骨塔等為鄰的房地。籌建單位覺得傷腦筋，擔心風水方面有問題，未來對施工、使用都有可能造成不便與困擾，所以聯絡筆者抽空南下參與規劃，俾趨吉避凶。

像台中市某公共表演場所，據說「氣」不太乾淨，演出者常意外受傷，或不甚順利。所謂不太乾淨，指的是公共工程施工時，安全措施欠佳，人員意外死亡事件不少（如信義計劃區的世貿中心、立法院群賢樓等皆是），竣工使用之後，亡靈未獲超拔者，往往借機作祟，睹者繪聲繪影，流傳甚廣。

有關婚外情的事例，在目前的社會當中，原屬司空見慣。陽宅風水有所謂「桃花水」之說，開門亦然。十二地支的子、午、卯、酉，稱為四大桃花，凡屋宅坐向開門恰好吻合，則桃花事件發生機率較高。

坐正北朝南的坎宅，西邊有路，或正西（酉）方位開門（門須南北向）為桃花水、桃花門。

坐正南朝北的離宅，東邊有路，或正東（卯）方位開門（門須南北向），為桃花水、桃花門。

坐正東朝西的震宅，北邊有路，或正北（子）方位開門（門須東西向）為桃花水、桃花門。

坐正西朝東的兌宅，南邊有路，或正南（午）方位開門（門須東西向），為桃花水、桃花門。

倘居者未婚，且已及婚齡，則交友機會較多。若夫妻居家，一方或雙方發生外遇的機率甚高。

在忠孝東路四段某巷內，一幢大樓為坐南朝北，正東開門流年二黑到方，遭逢病符相侵，大小不寧因念及正東為桃花門，特別查了男主人命造，果然是屬於應酬型商人，韻事不斷，女主人氣質尚佳，修養不錯，但也只有長年茹素，早晚拜佛，聊慰寸心了！

遇到前述的房子，搬家有用嗎？當然，換個不同的風水，居者的行止自會有所改變。且若人運也有轉折，則可能婚外情即將告一段落。不過，有些糾纏不休的第三者，縱然搬了家，伊照樣不放人。是故，凡事慎於始，最好別讓這種事發生，否則收拾不易。

對於未婚者，住桃花門的屋宅，自然有利。此與「催婚法」不同，後者是將臥房安於宅內的九紫方位，如坐北朝南房屋的東南位，坐東朝西房屋的西南位等。或是在流年九紫喜新的方位點燃一炷香，也有作用。今年喜星在正北，有心人不妨試試看。

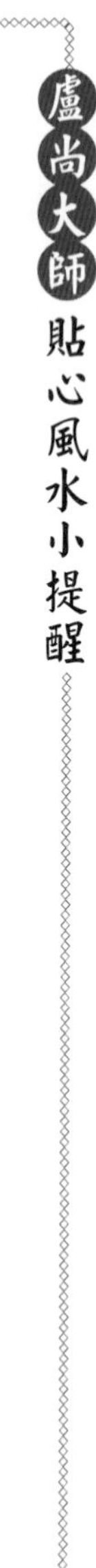

盧尚大師 貼心風水小提醒

✤從風水方面來看，距地氣愈遠的高樓層，納氣的開門卦位愈形重要。倘若居高樓，門又開煞方，或流年煞氣飛臨，則全無地氣相救，較易有災病加身。

✤未婚女性不宜住太高的樓層，蓋以婚姻之氣緣門而入，如逢高樓勢亢風疾，風吹氣散，故不利婚姻。宜遷往較低樓層住家。有兩位小姐（均年過卅歲）聽筆者建議，分別自十四樓、十二樓遷往三樓住家，才隔一年，雙傳喜訊。

✤爐口朝門，除漏財損丁之外，夫婦一方亦容易有外遇。這是近幾年來穿堂入室堪宅所得到的驗證，不容忽視。如果朝的是後陽台的門，則將後陽台加建玻璃窗，即可改善，此乃解法之一。

36 福地風水談

用理性眼光來看，祖墳只要「平平」即可，不好不壞，不被拖累，便合要求。有些人苦心經營，找地、點穴、造砂、挖水，忙了半天，被台電一座電塔就給破壞了。求榮反辱，智者不取！

中南部地震之後，除了房屋倒塌之外，有不少墳地也遭殃。雲嘉附近靠海一帶，地層下陷，原來平地不見山的嘉南平原，每座墳墓幾乎毫無屏障。加上海水倒灌，墳都和汙泥混在一塊，情況十分淒慘。大夥擔心風水破壞，不知該不該遷，或該遷往何處，真傷腦筋。

某位住在雲林口湖的居民，其母親的墳在九二一大震中被震歪，近兩個月以來，家內大小事都不順，接妥的訂單竟然也遭取消。於是，左思右想，猜測是祖墳有問題，探視之下，果然，在一片高長的芒草之中，墓碑裂開，明堂也有裂縫。這樣子，殺傷力即如此驚人。

台北盆地周遭都是山，除了坡地別墅區之外，土葬的墳也有所依靠。環山面水，處處有好地理，比起來，西部沒有山區，形勢就差了不少。

以汐止五指山的國軍公墓而言，佔地極廣，形勢又不錯。分為上將區、中將區、少將區、上校區及各級軍官等數十個部分。全部後高前低，正面來氣無阻，至少在形局上沒有大問題。

再者，現在示範型的墳場，墓碑是崁在地面，排列整齊，一片肅穆，並沒有一般公墓區陰森的氣息。用理性眼光來看，祖墳只要「平平」即可，不好不壞，不被拖累，便合要求。有些人苦心經營，找地、點穴、造砂、挖水，忙了半天，被台電一座電塔就給破壞了。求榮反辱，智者不取！

某大企業集團的第二代，曾經為其亡父造了一座大墳，取名「××陵」，口氣甚大。據說風水極佳。可惜該縣府不准違法濫建（部分佔用國有地），乃下令拆去一部分；就這樣，毀了一處絕佳風水。那位集團少東近年來一蹶不振，或許多少有點干係。

從實務上來看，公共空間的變化，個人無從置喙。不知什麼時候，會冒出一座電塔，一支大煙囪，一處焚化爐，一片垃圾山。你祖墳風水原是好的，卻可能時時受到考驗，何必呢？放在塔內不論寺廟或一般骨塔，大家榮辱與共，變數比較少。換言之，好不了也壞不了，不會因祖墳而旺，也不致因此而敗亡！

郊區和鬧市的住家，倘若社區已經定型，例如國宅社區，幾十棟排列整齊，對每一戶居民而言，外六事都不再會有什麼改變，這樣的形局不問好壞，都算穩定。近年來，也不少女性喜歡住公共設施完備的大樓社區，一來安全，二來方便。除非地點太偏遠，否則以上述兩點為號召，即是好的賣點呢！

盧尚大師 貼心風水小提醒

✤距墳墓太近者，最好別買，通常六米、八米都嫌太近。至於「可望見」，根本沒關係，台北市信義計劃區的建物，多半與墳堆遙遙相望，卻一點也沒影響該地區的身價。距墳墓太近，不惟陰氣較濃，煞氣也較重；建商動土之前，務須做好超渡、灑淨工作，以保平安。

37 似是而非的忌諱宜破除（一）

建物密集區段，彼此總會對來對去。於是，厝角、刀背煞、相沖等名堂一大堆。現實生活中，結構強固的鋼筋水泥高樓房，根本不受影響。風水上所謂「龍勢強固，不畏八煞」，即指此也。故而擇愈新愈厚實的樓宇住宅，於居者必有平安吉順的效應。

人們購屋之前，總要看個仔細，輻射？海砂？路沖？厝角？壁癌？種種叫人擔憂的狀況都沒有，才能放心買下或承租。這樣的心態可以理解，趨吉避凶保平安，小心能駛萬年船。可是，近些年有不少談空說玄，穿鑿附會的半吊子鐵嘴，隨意散播似是而非的風水命理概念，無端造成部分聽者的困擾。本文擬從實務上來解析，俾供參考。

其一，透天厝相連一排為奇數間時，正中那一戶稱為「擔間」，不利。意指彼戶居用者，需做「扁擔」支撐左右各戶，故負擔沉重。思維及荒謬之想像，到任何透天厝店面或住家走一趟，向中間戶居用者實施問卷，看他們吉凶如何，情況即可明朗。筆者相宅數十年，曾多次刻意探尋，終歸是誤會一場，非提出澄清不可。

其二，大樓社區停車場出入口，凡是被它對到、沖到、照到者，該宅居者不利。都會區的停車場處處可見，大馬路或巷弄內都有，氣口正面的一樓或二樓甚至三樓，向下一望總會看到車道口。從風水概念而言，看到並非沖到，即使正對出入口，亦未必可稱「沖到」。因彼此有遠近不同的距離，再者，車道並非如路沖般的直通你的房宅，而是一出車庫即轉走，對正面一樓都無影響，何況是二樓、三樓！居者看到車道口而心生煩惱，和風水吉凶無關。就像看到人亂曬內衣不雅，雖討厭卻不致招休咎。誠如六祖惠能所說，非幡動，非風動，是仁者心動。

還有一種情況，是豪宅或大社區常見的。一樓全部挑空，成為公共設施空間或造景或大廳或車庫，二樓以上才是住家。如此則往往有一戶二樓的正下方是車道；這一來，便有人擔心房宅底下是空的，或是車道，風水上可能不利。以筆者長期觀察，此疑慮也屬多餘。

只要建物結構夠強固，二樓住家地板下是車道、是大廳、是健身房、是花園，全然無妨。車道尤其被人另眼看待，事實上，你家天花板上是車道，那才嚴重！底下行車，又有何妨！大安公園附近某高價住宅的二樓，也耽擱了一陣子才售出。當時買者測試了幾次，車輛進出卻無震動影響，遂快速出手買下，居住迄今安詳平靜。

其三，高架道路旁居住不利，這個說法早就被淘汰，特別提出來談。大都會如上海台北，少不了高架道路，卻不妨害都市的繁榮。風水道理上，多一重道路即多一重財氣，高架橋畔係主旺財，例如仁愛路、建國南路旁的富邦金集團蔡家「起家厝」——「富邦產險大樓」，數十餘年來集團規模成長驚人。住宅亦然，如捷運高架之畔，開店居家皆宜，已是處處可見的現實。瞧捷運沿線房價節節高升，可見擇屋不必擔心周遭有高架橋。

其四，諸如建物密集區段，彼此總會對來對去。於是，厝角、刀背煞、相沖等名堂一大堆。現實生活中，結構強固的鋼筋水泥高樓房，根本不受影響。風水上所謂

「龍勢強固，不畏八煞」，即指此也。故而擇愈新愈厚實的樓宇住宅，於居者必有平安吉順的效應。大安、信義、中山，至少有三分之一以上互相沖射的建物，這些地區還特別旺呢！

盧尚大師 貼心風水小提醒

✤依「龍長水闊當代發」的論法，即道路寬、建物高大者，旺發較速。現時的實況亦是如此，通衢大道之旁，銀行、百貨公司、大企業、大賣場等，人氣旺且財氣足。巷道小路彎曲單行者，多半水氣欠佳，住家尚可，營商則條件差。

✤風水最主要的理論是談氣的散聚，氣聚則旺，氣散則敗。具象的氣指自然界的大氣，抽象的氣指人氣與財氣。以住宅而言，不聚氣則人居不安，終歸散去。店家或辦公室不聚氣，客人不上門，員工流失多，經營必失敗。

因此，氣之聚散，關乎平安與財利，絲毫不爽。

✤何謂氣聚？何謂氣散？建物相連，街廓成型，稱為龍勢聚氣。如前金、鹽埕等鬧區，氣勢皆如是。倘道路空曠，宅舍零落，風吹氣散，不但人氣參差，商家亦難存活。

38

似是而非的忌諱宜破除（二）

都市鬧區就像水泥叢林，建物大小高低相連或相對，要說相沖，大家都沖；要說沒事，大家都沒事。故而，若從風水角度觀察，除非形局怪異，特別引人注目，否則大概不會有太凶的風水。

一般人觀察街道或社區聚落，建物彼此形勢相對相沖，似乎並未出現發凶效應。也有路沖住家稱一、二十年沒倒楣，到底是什麼回事呢？難道風水這東西也不靈了？可以不管它了嗎？

在此要提出一個概念，即昔時所流傳的風水忌諱，縱使是屬於具備高殺傷力的形局，對居者而言，仍只是「風險」而已。譬如說，大家比較熟知的路沖、相沖，或正對大電塔，照樣有人安居樂業，數十年如一日。何以故？屋宅風水發凶，除了外部形局之外，內部格局亦佔重要份量。

此外，居者的命主強弱，運勢旺衰，也關係著是否被宅居風水拖累的因素。例如，二樓至十二樓都具備同樣的內外六事，其中某一層樓住戶老是換人，搬進搬出，餘戶則無動靜。這種情形顯示，即便風水上有稍許不利，但大多數人還撐得住，可見扣分不多。

由於現今建築技術進步，一般鋼筋水泥樓房，可抵抗五級、六級的強震。因此，結構的堅實強固，也加強風水形局的穩定。如對厝角（昔稱壁刀或刀背煞），小巷（防火巷）沖，或兩棟有造型的樓宇相對，突出物、屋頂水塔、飛簷等等，既是建物高大宏偉結構都差不多，則彼此抵消效應。

都市鬧區就像水泥叢林，建物大小高低相連或相對，要說相沖，大家都沖；要說沒事，大家都沒事。故而，若從風水角度觀察，除非形局怪異，特別引人注目，否則大概不會有太凶的風水。

破除不必要的忌諱，有一則是相當普遍的說法，即每一個人都有適合的房屋坐向，也有不利的房屋坐向。而且，認定有利或不利的方法，有好幾種，例如，照三合的看法，豬、兔、羊生肖之人，亥卯未年生者，煞西，不適合東西向的房宅。虎、馬、狗生肖之人，煞北，不適合南北向的住家。

另有東西八宅的看法，以卦命為基本來判斷；例如五二年次癸卯生人，命卦為坎卦，不適合西四宅，包括坐西朝東，坐西北朝東南，坐東北朝西南，坐西南朝東北等等。

這派說法更嚴重限制了信者的選項。不論是哪一種論調，要是夫妻或子女或其他家人，人人命卦生肖都不同時，又該以何人為主？

矛盾叢生的說法，影響眾多擇屋者，明明很滿意的房子，偏偏坐向不合適。此乃荒謬無厘頭，完全不值得參考，從實務上的案例來驗證，前述忌諱理當破除。對於房屋銷售人員來說，類似忌諱常如惡夢一場；物件即將成交，平地殺出個程咬金，硬說坐向不合，妨礙財利功名，於是業績泡湯，獎金成空。

電視靈異節目甚多，命相風水星座鬼神加上八卦話題，人人搶著講些驚世之語，故什麼詭秘的忌諱多端出來賣，觀眾千萬別當真。倘若想印證，何妨多出門走走，觀察別人的住家辦公室，吉旺的，不順的，都是些什麼樣的房子。如此，即可訓練出具備揀擇能力的眼光。

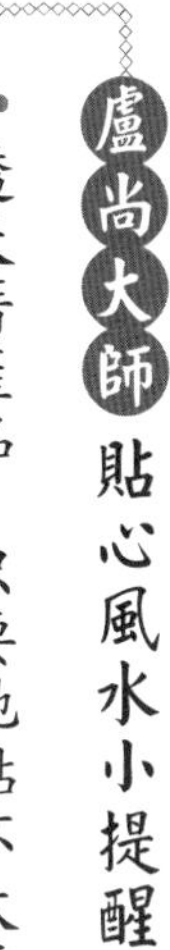

貼心風水小提醒

✤透天厝產品，只要地點不太偏僻，總能維持相當的銷售率。這種屋宅要注意的是平面不可太小、太狹長，或內部陰暗。至於是不是居中的一棟（如七棟的第四棟，九棟的第五棟），所謂「擔間」，其實無關緊要；龍虎均衡、左右等長，有啥不好！

39 似是而非的忌諱宜破除（三）

依紫白九星飛宮理論，八宅飛星到宅的右前方（即虎頭）都是生旺之氣加臨。故陽宅最喜「虎頭高厚，龍尾大起」，易言之，店門開右前方虎邊大利旺財。

近時論議風水者，每每陰陽宅不分，觀念混沌，開口便錯。對於新大樓建築，則仍以舊式所謂「龍邊」、「虎邊」的名相，任意穿鑿。好處在於一般人聽不懂，得以任憑地理師宰制，壞處則根本胡說一通，對主人家全無助益。此外，把吉祥物無限上綱，簡直和神奇寶貝一樣，招財招福；死命推銷的結果，有多少人辦公室住家擺放水晶、貔貅、發財樹、幸運竹、魚缸，卻仍憂愁困頓，絲毫得不到吉祥效應！類似歪風，和詐騙集團相差無幾。

先談青龍白虎名相的真實義。此二者本為方位的代稱，以「前後左右中」五方為而言，風水上稱朱雀、玄武、青龍、白虎、勾陳。值得一提者，如此稱法，乃專就坐北朝南之建物來說。左側東邊青龍，因東方屬木，五行顏色為青。右側西邊白虎，因西方屬金，五行色調為白。前方正南朱雀，因南方屬火，五行色調朱紅。後方正北玄武，因北方屬水，五行顏色為黑。玄者，黑也。中央屬土，成為勾陳，五行顏色為黃。

去過北京城的人，便知前述皆屬該城的配置。而該城係坐北朝南，由午門端門（正南）進出，乃朱雀開口，故平時不用正門，而走側門。當年唐太宗李世民的玄武門之變，即因皇子係從後方正北玄武門上朝，半途伏擊，遂流傳千年。從種種論據可明白，現今任意說客廳進門後，左邊為龍邊，右邊為虎邊，乃至衣櫃廁所，都有人在意馬桶不可在龍邊，類似說法堪用「亂煮一鍋粥」來形容。

「陽怕龍興，陰怕虎盛」，根據此說，陰宅忌諱虎邊高大茂盛，陽宅則不喜龍側高厚堵實。陰陽宅看法殊異，俗人不知，混淆說法。「店頭開虎邊門者不利」，「逼虎傷人」，奇怪言詞都出來了。只是右側而已，何來猛虎？真無厘頭。

依紫白九星飛宮理論，八宅飛星到宅的右前方（即虎頭）都是生旺之氣加臨。故陽宅最喜「虎頭高厚，龍尾大起」，易言之，店門開右前方虎邊大利旺財。當然，開店賺錢與否，因素很多元，不光是看開門。例如百貨公司，好多個大門小門；又如麥當勞，全球第一品牌，只要地點好，哪在乎龍邊虎邊開門！

台灣建築住宅多半以大樓為主，透天厝較少見。美國較高檔的住宅區，多屬透天洋房木板屋，照樣很旺。因此，論宅居風水宜有實務方面之變通，切勿食古不化，或胡亂發明，什麼五帝錢，什麼小棺材（小關財），凡諧音或象徵者，皆是虛妄聯想，不值一提。

前日到嘉義看一座玉皇上帝的宮殿，宅體龐大宏偉，佔地十分寬廣。據說都是南部鄉民工匠所造，比起大台北都會區的觀光飯店、百貨公司，氣勢毫不遜色，風水形局尤為殊妙。長期觀察台灣島上各式各樣建築，得以歸納何者較旺，何者易衰，這些都需要實例佐證，絕非信口說了算。有人問，總統大選、國會大選，候選人在看風水有沒有效益？倘若雙方氣勢懸殊，怎麼折騰都沒有用。如果實力相當，風水上又能得到些好處，則像下棋一樣，「半目勝」並非不可能，畢竟險勝也是勝！

盧尚大師 貼心風水小提醒

✤無論陰墳陽宅，堪測論說的一項基本原則即是「山管人丁水管財」。就陽宅而言，「山」即是建物，「水」即是道路；有建物始能住人，有道路才見財氣。因此，大樓落成，人群聚居；馬路闢成，財氣踵至。

40

南半球風水，九星管用

趨勢產品若能順應時代潮流，又能掌握天時，則失敗率低。黃昏市場產業，景氣起伏大、風險多，縱然找了旺地旺宅，恐怕也難抵蕭條的景氣！

新年頭舊歲尾，多數人都抱著期望，祈盼鼠年能自豬年的谷底翻起，恢復熱絡的景象。的確，去年此時，報章應景文章寫了許多什麼「金豬年」、「閏八月」這類的報導，邊鼓敲得很熱。然而自第三季起，軍事威脅、經濟凋敝接踵而來，攪得人心惶惶，社會大亂。五黃入限，果然殺傷力驚人；不只台海，全球烽火處處，殺戮不絕，天災加人禍，簡直喫不消。

不過，豬年五黃入中，六白財星卻飛西北。台灣以西北海口為財氣門戶，六白飛至，外銷暢旺。儘管內需衰退，但靠外銷撐盤，經濟仍持平成長。立春過後，四綠入中，內需轉佳；可是五黃煞氣飛西北，煞氣臨門戶，堵住財氣，外銷恐不樂觀，值得注意。但願在政治軍事方面得以平靜安寧，否則丙子年也好不到哪裡去！

有人自南非返台，攜工廠平面圖來請教筆者。原廠坐東向西，西南開門，經營七、八年，獲利極佳。因擴大營運，乃覓另一地建廠，投資不小，故步步為營，希望新廠風水亦佳。推算其舊廠及辦公室的風水運勢，旺衰起伏，悉與在台北同坐相者無異。由此可見，南半球雖日照風向有異，唯紫白九星飛宮方位輪替，殊無二致。

此人是生產膠帶的廠商，在南非相當成功，景氣使然，也佔了風水地利。台灣的膠帶製造商，這兩年亦算不錯；趨勢的產品，掌握了天時，失敗機率低。至於廣告業、印刷業，以及種種屬於內需型產業，景氣起伏大，風險即偏高，縱然找了旺地旺宅，也難抵蕭條的景氣！

鼠年丙子干支，子是正桃花之一，主交友、婚姻、旅遊、玩樂。生肖屬豬、兔、羊者，尤其明顯，等待姻緣的單身貴族，宜好好把握。九紫喜星飛正北，此方安床，良緣可期。善借天地吉氣，自有好事相應。

肖馬之人，年沖太歲；或舊曆五月（午月）生人，或午時出生者，皆與丙子年支相沖。沖者，動也。搬家、出國、工作變換，必應其一，不必憂疑。至於動了以後，吉凶演變，端看自己八字行運如何而定。

五黃飛西北，大陸行能緩則緩，能免則免。壓力、煞氣來自彼方，豈可掉以輕心！宅內西北角，切勿敲打修造，以保安寧。華僑銀行總行坐南朝北，開西北門，鼠年怕還有麻煩事難了。置水缸化煞氣，或許略管用。

預售屋接待中心南門，以東南、正西、正南等方位較有利。銷控位置，忌西北、東北位。新春商家行號開市，正月初三、初六、初九皆可用，特提供參考。

盧尚大師 貼心風水小提醒

- 改動風水，往往能收旋轉乾坤之效。
- 售屋中心，櫃台應置財位，方有利於成交與簽約。

第三篇

風水的助力與阻力

無論商場職場，皆尚善借勢力；得勢者昌，失力者蹇。風水形局亦然，企辦龍長水濶，宅居當元得運，財利平安兼收。倘若錯置空間，門路扞格，不免遭遇迍邅，遲滯難行。如何取法，是大課題。

逆水行舟多險阻，順風扯帆得助力。能識真訣，即登康莊大道。

41

特殊造型建物的吉凶效應

實務上言之，人們住在屋子裡，只要平面方正，爐廁廳房配置得宜，即稱平安順意。至於屋子外觀如何，另當別論。然而，這個社區整體建物的外觀，卻影響左右前後的鄰居住戶。

從前東西方建築形式，有極大差異，就如同服飾款樣，截然不同。然而，時至現今，西風早已壓倒東風。民生四項除了喫食之外，幾乎全盤西化。洋樓、汽機車、西服洋裝，哪樣不是歐美傳過來的？

以建物形式來看，三合院、四合院之類的古厝，已稀少到近乎絕跡。有些倖存者，縮在鄉村偏處，半數以上無人居住。往昔極普遍的建物，變成人們眼中的特殊造型，彷彿古人著古服出現在西門町，大家都不自在。

以風水形局觀之，特殊外觀的建物，對此宅的居者，和周遭屋宅，會產生何種吉凶效應呢？譬如鹿港的古厝，舊式洋樓，乃至信義計劃區的101鉅廈，都值得探討。實務上言之，人們住在屋子裡，只要平面方正，爐廁廳房配置得宜，即稱平安順意。至於屋子外觀如何，另當別論，像色調、窗台造型、頂樓形狀、中庭景致、平台、假山水池等等，皆屬建物之造型，而這些多半無關吉凶。

可是，這個社區整體建物的外觀，卻影響左右前後的鄰居住戶。比方說，仁愛路的帝寶社區，樓群巍峨，氣勢儼然，但對周遭矮房子而言，不一定好；或許樓高，妨礙阻擋低簷矮屋的形局。

宅居風水分為外六事和內六事，而建物外觀造型，互為鄰近樓房的外六事之一。假如住家正前方是公園或停車場，原本一片大好空曠形局，卻被蓋起一幢高樓，且邊緣正對你家，形成「刀背煞」，這就麻煩了。

也有幸運者，正前方的高壓電塔，因電纜地下化而拆除，形局頓時改善，此時，自家大樓造型如何，並不相干。近些年來，建築水平日新月異，像卡達或上海等地，都在搶建摩天大樓，影響到誰呢？

更奇特的是前些日電視報導，亞太會館改建的住宅大樓，外觀造型非常另類。像拔地而起的旋轉式結構體，據悉是法國建築師設計，完全跳脫一般概念，包括居者所住空間，也有創新的改變。

地面一樓如果南北向，每上升一層即旋轉四度半，二十一層共九十度，故頂樓那戶變成東西向。這幢大樓每一層住戶坐向皆不同，很難想像實品屋會是何種光景。這類型房屋的吉凶效應如何呢？

坐向的重要性往往被誇大，但也非全無作用。坐正卦位，自然平安。倘若坐卦不正，則所謂「兩宮交界，雜亂禍侵」，居者不利，像旋轉式的形局，總有坐正和沒坐正的，要看選樓層的手氣如何了。

通常有能力購置豪宅的人，命和運勢必相當強，住家風水好壞或許影響不大。不過，健康方面就很難說了，或是平安與否。一般而言，財力和平安在命理的旺衰是不同的。例如有人賺大錢，卻罹重病，倘若風水欠佳就更糟了。

總之，建物外觀以順眼為優先。勉強接受者，長期忍受必甚不堪。建商造樓時，切不宜標新立異，以奇特造型吸引買家，或為想創造地標，反成了怪胎。當年某飯店和百貨公司黑色外牆，後來還是改掉了，可供參考。

盧尚大師 貼心風水小提醒

✤屋宅的座向，以宅體為主，而非玄關門向，不可誤解。坐北朝南，西南坤方開門，必主生旺。

✤坐南朝北，開東北門，亦是旺宅。近年堪宅，驗者無數。坐東朝西，西北乾方開門，文昌旺方，久居必旺。

42

同社區住戶吉凶各不同

看風水時，一室一乾坤；譬如樓層有高低之分，門位有卦象之別，格局配置亦多相異之處，而這些才是宅居風水吉旺與否的關鍵。

一般同幢樓各戶室內，格局配置大同小異，吉旺和衰退差不多。但因居住者人人命運不同，受宅運吉凶拉拔或牽扯程度也不同。

在疫情嚴重的關節，每一城市、村里，乃至社區，都算同舟一命，只能共同抗災。有門禁管制進出的單一住宅聚落，如「××新城」，或「××之星」，更如生命共同體。深怕有一人感染或確診，則大夥全陷在危險之中。如數百人同乘一架飛機，搭同一艘船，有共業的意味。

依現實角度觀察，建物宏偉秀麗，房價居高檔次者，多半被視為旺宅。畢竟，人們的客觀鑑賞能力都差不多，像選拔俊男美女，存在某種標準和依據，所以同社區的樓房，感覺上氣勢相當，大家一樣旺。至於各戶坪數大小，或廳房門戶格局不同，並沒有很在意。

可是在看風水時，一室一乾坤；譬如樓層有高低之分，門位有卦象之別，格局配置亦多相異之處，而這些才是宅居風水吉旺與否的關鍵。早期知名水景高級社區，曾出現法拍屋，引發議論，其實是少見多怪。實務上的經驗是，家家戶戶都旺的例子並不多。

然而，整座社區歷經三、五年或十年、八年之後，因著住戶人群的交叉和綜合影響，往往會醞釀出一種被稱為「氣場」的物事。譬如社區有人出頭，成了聞人政客或明星，整體感覺便有不同。也有因釀刑案、命案、桃色風波，顯得氣勢有點詭異。這正是前述的共業。

也有些社區由於外在環境改變，失去原有的優勢，或被更新更美的社區取代，聲勢和房價都退落。尤其山坡地的幾處知名山莊，三、四十年前曾風光一時，偶有影歌星名人遷入，便大肆露臉。現今因捷運興起，許多交通比較不便利的地段，逐漸沒落乃不可避免。

從各戶分別來看，宅運是否會受社區興旺或沒落所影響？當然。實例上見過些具先見之明者，往往在區段向下滑之前，便福至心靈的另擇別處居所。宅的新舊自與居住的健康有關，危老建物或漏水或壁癌，住者怎能不災病退財？除非重行裝修除舊佈新，可能再旺一陣子。

一般同幢樓各戶室內，格局配置大同小異，吉旺和衰退差不多。但因居住者人人命運不同，受宅運吉凶拉拔或牽扯程度也不同。譬如家裡爐灶在西北方乾卦，對六十歲以上男子即屬不利。剛入住時也許才四、五十歲，並無感覺，年過六十成為「老父」級，乾卦效應出現，老病侵尋難免矣！若爐灶在坤卦西南位，對應的是六十以上的婆媽，情況差不多。

健康和財富不一定有關係，唯實際上成功致富則精氣神多半較強旺。是故，即使住到扣分的房宅，還是比旁人能撐。君不見知名的創業富者，享壽者眾。畢竟處境優渥，生活條件好，住所風水吉旺，皆為加分之處。

綜觀世人成就，其因緣多半繫乎己身的命盤運勢。少部分是藉旁人助力或陰陽宅風水之庇蔭。以中國大陸為例，數十年前破四舊，幾乎沒有一家一姓得以仰仗祖墳風水之力。而對照命造研判，確有吉凶旺衰之憑據，至於都會區宅居風水，彼岸受台商影響，信者越來越多。

盧尚大師 貼心風水小提醒

✤在新社區尚未闢建完成之前，先交屋的宅居，若家中人丁不旺，最好別急著遷入。小套房亦然，一般套房內人口都少，頂多兩人獨居，輒見夢魘欺身，揮之不去，難得安寧。

✤小套房格局平面不大，聚氣不易，吉旺較難，多半能賺錢而無法存錢。如果是一般受薪族，收入固定，尚可適應。倘若做的是買賣業，或投資、投機、買股票、簽六合彩，則於財運必有不利影響。最好的情況是，居小套房者訂購預售屋，每月按期繳款，計畫性的支出，財雖去而無不利。一兩年後，新居落成，以小換大，漸入佳境。換言之，小套房暫居則可，久居不旺，殆可言也。

✤一般而言，單身貴族或新婚夫妻住套房的機會較多，最好勿超過一年半；所謂「不宜久居」，乃指一年以上，套房的「洩氣作用」即逐漸顯現。

43 社區中庭和旺氣有關

不論陰陽宅風水，都存在「明堂」的概念。明堂一般指宅前方的空間，倘若寬闊平坦，例如公園或廣場或中庭，則此宅足夠資源將養，居者可享吉旺之氣。比起門前為普通六米巷、八米巷，不可同日而語。

隨著都會區建地越來越少，面積也愈趨窄小，住宅社區建造成有中庭者亦更罕見。早期的房地產廣告，常有「戶戶方正，面朝中庭」的用語，表示中庭受多數買家歡迎。而從風水實務觀之，八九不離十，中庭寬廣方正者，居者較安定平穩。

不論陰陽宅風水，都存在「明堂」的概念。明堂一般指宅前方的空間，倘若寬闊平坦，例如公園或廣場或中庭，則此宅有足夠資源將養，居者可享有吉旺之氣。比起門前為普通六米巷、八米巷，不可同日而語。即使門前是大馬路，人車暢旺，因分屬不同型態的形局，各有勝劣之處。

有謂明堂能聚氣，什麼是聚氣呢？簡單說，就是有置放物事之空間，亦即宅的使用空間有餘裕。這樣的概念還衍生出小明堂、中明堂、大明堂。從前的土葬墓園，背山面水，後高前低，多半選擇這類基址。尤其前方有湖泊水塘，或溪河橫流而過。

市區建物自然少見溪河湖泊，只能覓求公園廣場，或自家社區開放空間的餘地。像桃園南崁的知名建商，就蓋出許多口字形、ㄇ字形或ㄈ字形的社區。建物共用中庭，每戶前方或有園林花草，或有平坦空間，都讓居者安閒舒泰，風水加分極多。

方正寬廣的中庭，得在正面才算，若位於正後方，則非明堂。以上三種形局何者較佳？從各戶來看都不一樣。因有些位於中庭邊陲。左寬右窄，或右寬左窄，龍虎不均衡，故形勢有高下之分。當然，左右差不多寬度最好，而正前方亦不宜短近而有侷促之感。

戶戶面對中庭，很像在釣蝦池垂釣，沒有風吹草動，而池內自動有魚蝦。風水上談「山管人丁水管財」，山指建物，水指前方道路或明堂。路巷旁的建物，依路之寬窄而有水闊或水窄之別，財勢有異。至於面對中庭，則既平穩而少風波。

不過，有些因基址不夠大，說中庭卻如雜院，狹窄又堆滿雜物。如此則家家戶戶感覺都被困住，尤其較低樓層者，前景堪虞。早期北市東區有號稱××東宮的建案，曾風光一時，但形局如前所言過於侷促，居者幾乎都出不了頭。是故，擇宅時遇中庭社區，必得挑愈大愈好。

中庭的草木花石，或泉池雕塑等，有些人極在意。大體而言，看起來順眼，不作怪，不突出或尖銳者，都影響不大。因中庭面積大，則餘物事相對小，即少效應。有謂尖形葉或造作物不宜多，確實如此。總以光明潔靜雅緻為主。危險器物需防老小有妨。中庭為休閒之處，兼具明堂功能，善加經營，全區皆旺。

上海有許多小區園林，皆花費金錢心力造作和維護。較高檔者房價一直在水平之上。出入順暢，居者安和，住宅聚落無論中庭形式如何，如把氣場弄順了，人人受惠。有人把前陽台當成明堂，想法格格不入；宅內之地怎生比擬？沒有中庭沒有明堂，只好更用心宅內之擺飾佈置。

44 山景水景？有得有失！

都市更新多耗時費事，成局頗難，誠然可惜。因舊街路區里，狹窄擁擠，形局閉塞，難得吉旺。若有朝一日拆舊建新，則樓高眺遠，來氣無阻，居者發展，相差豈可以道里計。倘都市鄉村皆能更新，則大眾居旺宅者多，民間財富必勝從前，乃社會之福氣也。

台北市東區旺久轉疲弱，幾處大商家遷走，被視為冷清市況的開始。西門町近些年老樹開花，成為觀光客必遊之地，旺相再現。各方議論頗多，什麼調子都有，「都市翻轉」常用來形容人氣旺衰的移動現象，但誰也說不出原因何在。因為無從印證，事實上也不必深究，畢竟，風水輪流轉，早就被視為常態。

以台中市為例，幾處知名商圈人氣的此起彼落，頻率更短淺；三年河東，三年河西，雖然沒這麼短，可只有十年八年也不能說長吧。投資店面或買樓落戶，好像不易看個真切。怎麼瞧這區段正旺著，才精挑細選，買定價格合理之宅，進住不久，人潮不見了，光也暗了。旺氣流轉之快，匪夷所思。

然而，日子照樣過，較不熱鬧的區段就不平安？沒財嗎？當然不致如此。熱鬧與否和個別住宅風水旺衰是兩回事。因此，山坡地社區，許多知名如大台北華城、青山鎮、秀岡山莊等等，吉旺者有之，平平者最常見，不順著亦不乏其人。總之，常態分配之外，人氣只為其中一環。

內湖、南港有不少山景、湖景、河景社區，人們交通工具完備，山隈水涯都有人入住，士農工商，各安其居。這類房子一到夜晚不免冷暗，一到冬天必定寒冽。而從人氣方面言之，根本不旺，可卻不能依此論斷風水吉凶。

有許多城市鬧區，街路狹小，建物稠密，晝夜都見人群穿梭，看似極熱絡。而這也與宅居風水吉凶無涉，多的是奔波衣食而迍邅度日者。換言之，人氣旺盛和宅吉旺，乃全然不同之事。

從街巷形局到樓宇格局，有諸多觀察和判斷旺衰之要點。其中正前方來氣無阻，有兜收環抱者，形勢最優。譬如大安森林公園四面環路上之群樓，前方小明堂、中明堂皆為寬闊開展之形，林木茂盛，生機蓬勃。或內湖碧湖旁側諸樓宇，背山面水稱人心，實即旺相之謂也。

此外，木柵溪、景美溪、淡水河、基隆河、新店溪，如今都成建商最愛之推案勝地。每坪單價高人一等，比那些沒景可看的水泥叢林，不可同日而語。從市場角度觀之，有景的屋宅已被接受；風水角度言之，地理師也稱許這類建物，所謂「形局開展」。建商趨之若鶩，可想而知。

都市更新多耗時費事，成局頗難，誠然可惜。因舊街路區里，狹窄擁擠，形局閉塞，難得吉旺。若有朝一日拆舊建新，則樓高眺遠，來氣無阻，居者發展，相差豈可以道里計！倘都市鄉村皆能更新，則大眾居旺宅者多，民間財富必勝從前，乃社會之福氣也。

山景、湖景或通衢大道，或巷弄小路，建物形局各式各樣。先翻荷包裡銀錢是否夠使，才能隨心所欲購入風水吉旺之宅。在此之前，至少避開內外六事有重大瑕疵的衰宅。擇屋基本原則，其一，不宜太小，坪數過小，人氣財氣都不聚。其二，歪斜缺角者切不可居，災病退財，豈能冒險。其三，巷路太窄的，既乏財氣，又無出息，非避不可！

盧尚大師貼心風水小提醒

✤後有環山，或前有遠山，案平有朝，案前有水，此皆佳妙之形勢。外六事好，即使屋內格局不夠理想，居者亦不致發凶招咎。因外勢難移，而內局易改。譬如路沖或反弓，當者披靡。屋宅格局怎麼改，都無濟於事也。

45

桃花水路，外遇多由此來

桃花水其實是路，因方位使然，宅內桃花之氣既長且旺，倘若主人夫妻相處不夠牢靠，外遇機率便出奇的高，這樣必然引發婚姻的危機。

根據一份資料顯示，台灣地區的離婚率越來越高，尤其是台北市，去年兩萬對結婚，卻有六千多對離婚，等於三比一，十分驚人。

前些時，日本發布統計數據，東京都的離婚率，恰和台北市相當，每三對就有一對拆夥。當然，這是婚姻制度必會遭遇到的問題，屬於「人性」的部分。和住家風水有關係嗎？不能說沒有！本篇且來談談，現代建築形式，在風水方面影響婚姻的部分，究竟有哪些？

現代婚姻的殺手，排第一名的是外遇。建物風水形局或室內配置，部分與此有關。首先來看「桃花水」，桃花水其實是路，因方位使然，宅內桃花之氣既長且旺，倘若主人夫妻相處不夠牢靠，外遇機率便出奇的高，這樣必然引發婚姻的危機。

桃花水的道路形勢是，坐北朝南屋宅，西邊臨路。坐南朝北屋宅，東側臨路。坐西朝東屋宅，南側臨路。坐東朝西屋宅，北側臨路。

東南西北，在十二地支恰為子午卯酉，咸池桃花。邊間房屋常有這種形局，自屋內往正前方道路看，右側臨路即是桃花水。以台北市區來看，正南北，正東西坐向的建物不少，不祇是住家，辦公大樓亦有桃花水之患。如辦公室戀情鬧得不可收拾之實例，層出不窮。

桃花不一定是不利的，娛樂界如酒店、舞廳、卡拉OK等，都需要這類的旺氣。南京東路有一幢朝南的大樓，西側臨路，每戶除了西南大門之外，正西還開了一處側門。約五、六年前，十二層樓當中，有四戶（一層一戶）發生外遇、辦公室戀情（不倫）的事件，後來搬走了三戶。

側門和後門，不宜大過前門，否則夫妻的一方即容易有私情外遇。或是建物（指透天厝）的廚房地底下，有溪流或水溝經過，婦人亦易染疾或外遇。

娛樂行業不怕這些，前述未遷走的第四戶，正是一家酒店。每逢初二、十六，拜地基主土地公，滿桌酒菜，紙錢燒起來，灰飛漫天。生意迄今尚能維持，表示桃花水對財氣也有助益。

室內的配置，如爐台開關正對廚房門口，漏財損丁之外，外遇機率亦高。只消用簾子遮擋，即有化解效應。近些年許多大樓公寓，廚內爐台的位置，往往就正對著通餐廳或通陽台的門。有這樣的配置，難怪外遇比例高的不像話。

仁愛路四段有一幢豪宅，不只屋旁有桃花水，樓內戶戶都爐口對門。這棟民宅發生了不少知名的緋聞八卦，十多年來，未曾間斷。

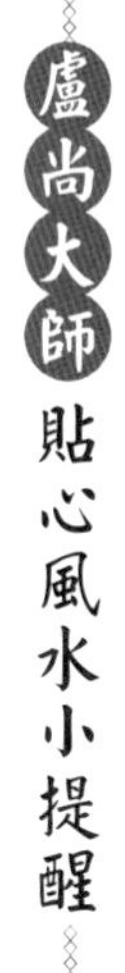

✤爐台位置關係平安財利，十分重要。瓦斯爐開關朝向為爐之朝向，乃古所謂「火口」，如方向不對，受沖剋者長年不離藥罐，實例甚多。除了火口朝向吉凶之外，爐台所坐卦位亦甚緊要。

✤一般而言，爐位宜置宅之生旺方，如此長年燒旺生氣，有利家運。倘安煞方，則煞氣經釜鍋入人腹中，不利健康。例如坐北朝南屋宅，正北、西南為生方，作灶大旺。正東、西北為煞方，安爐不利。

✤爐口不可向門，火口外朝，漏財損丁，驗者極多。仁愛路四段天廈內，有一幢廚房配置，爐口全部朝門。而購屋者幾乎人人都花錢請裝潢工改善，或移爐，或改門，可見此為通識。

✤爐上不可有樑來壓，如遇之宜用天花板隔開；對面勿正沖水龍頭，水火相沖主散財。廚房內的水龍頭不宜朝門，否則漏財。如開放式廚房，便餐枱擋爐口，則枱面須略高，才有效用。

46

千禧美夢，半數成泡影

有些大廈位於大馬路巷內的裡地，雖然開放空間，有相當大空地。不過，人車通行的巷路不寬，這建物的形局便不夠開展。換言之，出入動線不流暢，財氣終受影響。

「九二一」劫後九個月，又來了一場強震，這次雖沒造成重大災害，卻把人們逐漸淡忘的記憶，又喚回驚慌的邊緣。翻翻黃曆，六月十一日庚子，月破大凶之日；子日和午月子午水火相沖，幸而庚辰年的大凶月還未到。龍年十月七日（陰曆九月）起，節氣寒露，干支丙戌，天干丙火剋庚金，地支戌沖辰。天剋地沖之月，有禍災情必重。

龍年肖狗生人年支沖太歲，主變動、遷移，搬家、出國、換工作者，比比皆是。某大法律事務所的負責人，被政府延攬任公職，旗下有兩位小律師乃各奔前程。此三人皆屬狗，年齡相差一輪。

李登輝肖狗，柯林頓也肖狗，差了兩輪，今年都從總統寶座下台，工作住家，連身價都大大的轉變。這年頭，打落水狗的人還不少，上個月辛巳（五月五日至六月五日），李先生運逢傷官，無端被扔擲墨水瓶。這算一種侮辱，他不在意，表示能「忍辱」，在修養方面頗值稱許。

千禧年已過了一半，許多抱著千禧美夢的人，如今或正抱著股票住套房，還沒翻身。商人年初大打千禧牌，賣這賣那，現在看起來都像笑話。不是說過嗎？公元二〇〇〇年算什麼！何以值得慶祝？起算點由誰來定？不同的年起算，年年都是千禧年。

風水的年運，九紫火星入限，五黃煞氣飛正北。辦公室商家，正北開門者，不寧、退財、是非。立春迄今五個多月，驗證實例不少。可見，人受命盤行運和宅運之吉凶宰制，影響所及，努力的成果都打了折扣。

房地產新聞有一則風水報導，謂某建商蓋豪宅，門窗全部向西。原因是，風水元運直下元七運，旺氣在西方，故開門窗迎西邊的吉旺氣。並以此招來相信風水的大戶購買者，當作重要賣點。

假如看風水如此簡單，那麼信義計劃區的高價房子，何不全數朝西？讓區內人人都旺，為社會創造財富！可惜這樣的說法不僅浮面，而且一廂情願。下元旺西，並不是朝西旺，而是坐西旺，這又是另外一種說法。孰是孰非，沒有定論。

有些大廈位於大馬路巷內的裡地，雖然開放空間，有相當大空地，不過，人車通行的巷路不寬，這建物的形局便不夠開展。換言之出入動線不流暢，財氣終受影響。某媒體大亨，一度住進仁愛路巷內公寓，建物雖典雅精緻，唯缺點一如上述。不久之後，即再遷出，因住起來不順，不適合大動作的人居住。如係上班族公務員，那倒無妨。故而，這樣的房宅再華麗，都不足以成為吉旺豪宅。

盧尚大師貼心風水小提醒

✤風水理論，談的是空間的「氣」所運行、聚散的軌跡與影響。例如房宅坐向方正，可納得順行、祥和的氣，自然財丁兩旺，闔家平安。倘建物格局偏斜，門路不正，則逆行倒向之氣必乘隙侵入、降災貽禍。

47 門對神壇，居者多病災

神佛殿堂，也是得借助自然的靈氣。香火鼎盛的寺廟，不論郊外市區，風水形局都有可觀之處。不是背山面水，就是龍長水闊。

每逢選戰的白熱時刻，往往有宗教界的長老級人士，現身表明立場，或說東說西，或規勸大家冷靜。各媒體抓住新聞，大作文章，總要炒上好一陣子。

這些大師、上人、主教、前人……，在靈修方面有傑出成就，講道時，體育館內擠得滿滿。信徒的奉獻供養更不在話下。因此，常見某宗教團體蓋廟、蓋學校、蓋醫院。手上的籌碼既多，說話自有份量，可真羨煞了那些香火冷清的小寺廟。

堪宅多年，也曾為些許寺、廟、精舍、道觀看過風水，提醒他們留意格局配置，外部形勢，該如何改善，才能「入眾」。入眾者，聚人氣也；不聚人氣，哪來財氣！

信義路五段附近山頭，是東區著名晨起運動健行的好去處。近山之處，往往多寺廟，此為台灣民間信仰的特色之一。即令窮鄉僻壤，當地人節食縮衣，也要蓋出一間廟來，是信仰？還是面子？

前述的山頭上方，就有幾所廟宇。其中一座××宮，坐東北朝西南，後有靠山，前為凹谷，乍看形勢尚佳。可惜正前方明堂左短右長，有削腳之弊。住持為一清修婦人，道行雖有，健康卻差。某年二黑五黃併臨大門，糖尿病併發心疾，緊急送醫。

住持的子女，聯合要求出售山坡地廟產，大家擬均分錢財，吵得她病況更重。這樣的形局，筆者無法可施，實告之以無眾無財（每次過年香油錢才七、八萬元），久耗無益。且「長短地多是非人」，明堂削腳，容人不久。何不轉讓他人，倒也乾脆，至少落個耳根清靜。

另一處在內江街的一貫道佛堂，設於公寓二樓之內。樓內兩戶玄關正門相對，佛堂沒事，對門住家裡頭，幾位婦人輪流臥病。而這幾位婦人，正是佛堂的工作人員，即使是自己人，也承受不了和廟宇大門正對。問有無方法可解，除了改門向，只有掛片長布帘，擋擋神氣。

松江路行天宮旁側巷道內，有一家神壇，其正對的那戶人家，居者已數易其主，可見神壇大香爐的威力。不過，行天宮周遭包括對面的辦公大樓，則賺錢比別人多，南山人壽即其中之一。

香火鼎盛的寺廟，不論郊外市區，風水形局都有可觀之處。不是背山面水，就是龍長水闊。例如東北角濱海公路鄰近福隆的靈鷲山，正殿不大，後方為岩壁，面前即是太平洋。坐卦為丁兼未，坐南向北，冬天季風很強。然而，該道場不但名氣大，法會滿座，信眾捐輸亦足。可見，神佛殿堂，也是得借助自然的靈氣。

盧尚大師貼心風水小提醒

✤照理講，廟宇神壇教堂，都是神明居住的所在，應屬大吉大利才對，何以事實竟然相反？依筆者的看法，神是比人更強些，其居住所在之氣自也較旺，凡是與其正對相冲者，自然討不了好，還有一點較易讓人接受的是，一般的神宇殿堂建築的飛簷勾角，尖頂高塔等等，在風水學上看來都是煞。因此，神前廟後起樓，務必謹慎深思。

48

刀背煞正沖，凶相駭人

每個都會區的營商和消費型態，除攸關當地各行各業的消長之外，也影響及建物風水形局高下的判斷標準。但看香港的崇光百貨和台北店一樣旺，更應把觀察重心放在品牌形象和經營策略上。風水，助力而已。

選戰落幕，浮塵底定。房地產淒冷已久，但盼能就此翻身。許多大案相繼推出，再不靈，房市危矣！流年庚辰上金下土，五行運勢看來，第二季、第四季比較好些。不過，金星當道，屬土行業並不容樂觀。

多數的星相學家、命理學家，都強調今年旺的是土金，但陽宅風水的九星看法，值年星是九紫火星，火星對房地產稍有助益。

不過，火星代表戰亂。時至今日，科技人文昌明，戰爭卻仍難免。南歐、中東、非洲，烽火殺戮此起彼落。九年前（一九九一年）辛未羊年，美國總統布希發動波灣戰爭中的「沙暴奇襲」，舉世震動。彼時的台灣房地產，正好有一波旺市行情。

而辛未年也是上金下土，和今年的庚辰相仿。由此觀之，房市尚有可期待之處。

日前到香港走了一趟，看幾處辦公室和住家。香港地狹人稠，建築向高空發展，住宅大樓，動輒三、四十層。戶戶前方均無遮阻，就外六事形局而言，是有利的。

其中有一棟大廈，原來正面西邊看海，海水映晚霞，景色極美。未料前方卅米附近，蓋起一幢四十多層的大飯店，擋住正面的一半，形成不折不扣的「刀背煞」。居者某女士印尼華僑，家境寬裕，生活安閒自在。

該宅坐東向西，是為震宅。門開正北，也是好卦位。但自對面大飯店蓋起之後，刀背煞的效應，某女士宿疾「椎間盤突出」即不時發作。今年五黃煞氣飛正北大門，煞氣臨門，病況更嚴重，從春節迄今才一個多月，已到醫院診治數次，三月中旬終於住進病房。

香港建物風水形局，和台北市大異其趣。該地鬧區建物多道路少，往空中發展的結果，一樓門面的重要性相對減低，許多賣場只有區段大樓名稱，而無門牌號碼。

例如德興火鍋（曾登陸台北市，鎩羽而歸）十分著名，只說尖東××中心，客人自會找上門。去過幾次皆高朋滿座。甚至有些大飯店，觀光客不靠計程車或巴士接駁，自己根本找不到大門，裡頭卻照樣客滿。足見在香港鬧區，店頭的風水旺衰，和是否面對大馬路無關。

另一方面，小店面式的零售賣場，位在人潮滾滾的馬路旁，一坪不到的店面，租金合台幣六、七萬，真是高得驚人。據說，關係不夠，還租不到呢！

每個都會區的營商和消費型態，除攸關當地各行各業的消長之外，也影響及建物風水形局高下的判斷標準。但看香港的崇光百貨和台北店一樣旺，更應把觀察重心放在品牌形象和經營策略上。風水，助力而已。

盧尚大師 貼心風水小提醒

✤啥麼樣的屋宅風水最旺?簡單的答案是「龍長水又闊」。意即建築物高大、相連勢長，且道路寬闊。倘若道路雖寬，道旁建物卻未能連成一氣，龍勢錯落參差，形勢自然不旺。道路寬還得建物高大相連，才成格局。

49

形局有異，大樓火災迭見

一般而言，屋宅除了坐正西朝東之外，本位開門都是旺地。如坐北朝南，正北開門為財方。坐南朝北，正南開門為文昌生方。坐東朝西，正東亦為生方。選擇同前棟房屋，正面靠道路，門自後方進，若室內爐廁配置適當，即為好房子，值得購買使用。

鋼骨大樓的結構堅牢，又多半巍然高聳於大道之畔，形勢亦佳，若充辦公室使用，甚符合吉旺要件。堪這類宅，羅經的磁針常正正反反轉個不停，稍欠留神，即有誤測之虞。一般認宅內受鋼骨影響，故磁場不穩定，倘作為住家之用，是否會不利於健康？

板橋三民路上的潤泰大樓，和三重福音街口某鋼骨大樓，室內都有前述磁場活躍的情況。但仁愛路的鳳翔、中和的力霸山河，則並不明顯。對健康有無影響，大概需長期觀察，才能得出較具體的結論。在缺乏實例之前，任何推斷均不足為憑。

高市愛河畔的夢萊茵，建物高大，左近皆大飯店，整體形成高樓群聚落，十分壯觀，在風水上也屬聚氣的形局。

不少台北人南下購買，比比產品和價位，實在很便宜。前日筆者去看了幾戶，覺得流水、道路、宅體、採光等，配合格局、門位，都頗不錯。未來一至七樓為商場，旺勢可期。

南市的中華東路也有一處規劃甚佳的住辦混合大樓群，友人央代堪鑑，究否值得購買。面臨道路的前排辦公室，坐東南朝西北，大門至正後方本位（東南）進出，生氣財方，開門旺財。前後不到一小時，堪宅、殺價、下訂一氣呵成。

一般而言，屋宅除了坐正西朝東之外，本位開門都是旺地。如坐北朝南，正北開門為財方。坐南朝北，正南開門為文昌生方。坐東朝西，正東亦為生方。選擇同前棟房屋，正面靠道路，門自後方進，若室內爐廁配當配置適當，即為好房子，值得購買使用。至於後棟的屋宅，除非開門吉旺，否則因距離道路較遠，財氣往往不如前棟。

位於台北市新生北路、錦州街口的時代大飯店，七三甲子曾遭祝融侵襲，死者數十人，傷者更多。而今歲丙子年，同一大樓（錦新大樓）又發生火災，幸好搶救得宜，傷亡稍輕，但也有數十人送醫。該大樓在高架橋邊，形局複雜；且建物臨錦州街的一面，坐正南朝北，為午山子向，每逢鼠年地支「子」，坐山即犯太歲。若樓內有人胡亂動土敲打，便容易發凶。

此番招咎較輕，原因之一為對街鋼鐵廠的煙囪已拆除，否則流年黃煞飛臨西北方煙囪，殺傷力必然驚人。像這種風水欠佳的建物，一再發生災禍，住戶最好能閃則閃，搬為上策。倘若流連不去，心存僥倖，下回發生時，可能後悔也來不及了。水火無情，來去難測，值此亂象充斥之時，能不自求多福？

盧尚大師貼心風水小提醒

✤一般而言，住家改門必須留意門上是否有煞。煞方動土，必須審慎，否則地氣騰動，動者易有禍，災疾迭臨。

50

擋掉穿心煞，攢錢購新屋

在前胸穿後背的狹長店面內，隔了一排房間，阻斷了「穿心」的煞氣。門前又用大水箱（裝活魚）擋掉路沖，就這樣改變了風水形局，穩住生意。由此例來看，如果是風水上的不利因素干擾居住或開店，則設法排除不利因素之後，情況將可能改善，而得以安居樂業。

風雲乍動，大地遭殃，賀伯威力，令人喪膽。受災最慘的神木村，筆者曾在十年前上去過。那是海拔三千多公尺的高山，當時韋恩颱風剛走，留下滿山遍野摧折的林木與殘垣敗瓦。不過比起這回的山搖地動，土崩石解，誠然是小巫見大巫。

天災何時來襲，誰也無法預測；唯可預見的是，類似的災難必會再發生。氣象預報固然精準，但如果躲不開，知情又有何用！

人禍加深了災害的損傷，事後追究，全無裨益。凡此種種，原是你知我知，卻無心也無力阻止。生態破壞，風水殘敗，怎能祈求平安？

永和中和一帶淹水，家當損失也就罷了，偏偏有些人把一樓地下室充作工廠倉儲，被水淹沒之後，幾近傾家蕩產。保平路一排坐東南朝西北的公寓，大門恰在西北，喫風特重，繼以水漫，無處避難者，整夜泡在水中。更有人承製近千萬成衣，出貨前夕，全數泡水，真是欲哭無淚。

中和某工地，坐西南朝東北，賣的是興建中的餘屋。六、七月時去化滯緩，銷售中心人人憂急。筆者建議將銷控坐位由西南移至正南，因流年逢八白財星到方，略有起色，連續賣出十餘戶，可惜風災一來，加上鬼月，又有得熬了。

今年推工地者，接待中心坐向開門，以及銷控位置，如能依九星吉旺方位配置，即可免遭惡劣景氣所殺。三峽一處×亨邨工地，坐西朝東，東南開門，銷控在正西。恰合小限吉氣，甫推出即相當平順，可謂不景氣當中的幸運者。只需多花點心思，即能借得風水的力量，何樂不為呢！

研究院路忠孝東路交會處，是一丁字路口。正面迎著忠孝東路來沖的幾家店面，在別人眼中似乎險象環生；路沖的房子怎能住？怎能不關店？

事實上，那幾家店舖的經營者，替換率的確偏高。直路沖門，沖則動也，故不平穩。其中一家餐廳兩年前曾央筆者堪測，何以生意好卻不賺錢？何以人員流動率那麼高？原因何在？如何改善？

兩年後的今天，該餐廳依舊健在，且賺了不少錢，準備購買新成屋，要筆者去幫他瞧瞧。當初他在前胸穿後背的狹長店面內，隔了一排房間，阻斷了「穿心」的煞氣。門前又用大水箱（裝活魚）擋掉路沖，就這樣改變的風水形局，穩住生意。由此例來看，如果是風水上的不利因素干擾居住或開店，則設法排除不利因素之後，情況將可能改善，而得以安居樂業。

盧尚大師 貼心風水小提醒

✤選購預售屋，最好能到工地現場看看基地。站在自己中意的那幢屋基地前方，仔細觀察正面的景觀，有無電塔、路沖、尖山、橋墩等，以免將來房屋蓋起來之後，住也不是，賣也困難。

✤高壓電塔、變電所，或大電桿（兩三支並排）均帶有強大電磁能量，足以影響屋宅磁場的正常運轉，對健康自有所不利。

51

一箭穿心，屋宅發凶驚人

屋宅本來有缺點，如穿心、缺角、門開煞位佔者，平常沒事，一遇煞星臨宅，往往驟然發凶，防不勝防，值得警惕。

在市況一片混亂當中，又有一家知名的百貨公司倒閉。景氣固然有關，但最重要是原來的賣場佈置與動線規劃都不甚理想。體質欠佳的營業體，一遇風吹草動，往往就不支倒地。前述大批發百貨的幾處賣場，即犯了這個毛病。包括通道太窄，大門進口處太淺；此外，一樓陳設商品單價太低，亦是重大謬失。

有幾家以出售持分方式，集資經營的百貨公司，其實風水形局亦本不甚佳。例如內湖那一家，門前並非通衢大道，來往人車不多；且周遭也沒有商家店面，龍勢未連成一氣，又如何聚財？長期來看，旺相難期。稍稍想一下，崇光或三越這些賺錢的百貨公司，有可能出售持分嗎？

百貨公司原是納四面氣，聚八方財，故而正門、側門、後門，到處都是出入口。然而，開門不宜過多。崇光有五個出入口，欣欣有六處（以前有九處），環亞、三越就比較少。總而言之，賣場坪數不夠大，即不宜有太多門。因門不只管進氣，也代表出氣。故門多往往耗財、走人，造成營運的不穩定。

近些時看了不少頂店的案例。多半是經營不善想脫手，當然也有是其他原因，如想轉行，或懷孕，或忙不過來等等。其中店門在正西或西南者，多屬前者。此因流年七赤賊星飛正西，二黑病符飛西南之故；倘若店面不大，無處可騰挪，老闆不被迫頂讓，即須暫時停業。

連續到花蓮看宅，市區中山路原是最繁華地段，兩側店面為西南、東北坐向。據說原來大道之旁，店面一處難求，如今卻紅紙條滿天飛，租的、讓的一大堆。一家珠寶店老闆嘆氣說，今年很不景氣，不敢開門的原因，是怕顧客拿珠寶來賣回給店裡，一天只要碰上兩三個就受不了。尤其是高價珠寶，動輒數十萬，更教人膽戰心驚。

在不景氣的情況下，店面又是前述的坤、艮坐向，簡直要命。中央銀行坐西南朝東北，流年二五交加，損主且亦重病。前總裁梁國樹因病下台，如今已過世。接任的許遠東，被連續金融風暴打得焦頭爛額，能不能熬過今年，還很難說。由此可見，流年五黃煞氣的殺傷力實在可怕。

南部山城美濃小鎮，風景秀麗，民風淳樸。鄉下受不景氣拖累較小，但九星輪飛影響依然，多半應在健康方面。一處坐北朝南農舍，前門通後門，一箭穿心，形勢欠佳。流年煞氣飛至，男主人才五十歲，竟突然一病不起。事實上屋宅本來有缺點，如穿心、缺角、門開煞位佔者，平常沒事，一遇煞星臨宅，往往驟然發凶，防不勝防，值得警惕。

盧尚大師貼心風水小提醒

✤善調屋宅「內氣」，不論硬體、軟體，都甚緊要。

✤有些辦公室坪數不大，偏偏隔來隔去，教人覺得空間狹窄，壓迫感甚重，員工流動率自然偏高。或是貨的進出常堆在公司內，物佔了太多空間，屬於人的空間太小，人氣不聚，當然也是人員來來去去，影響正常運作。

✤創造辦公室「氣」的型態，有時比看方位、卦位還來得重要。氣若不對勁，必使不上力。

✤屋外的道路形勢、門路方位等，屬於「外氣」。內外氣能兼顧調和，則企業營運氣勢必佳。若外氣佳內氣差，雖旺而不久。或外氣欠佳但內氣善調，則敗中求活，猶有可為。至於內外氣皆不對頭，必敗無疑矣！

52

談空說玄，只合供參考

屋宅風水通常平面方面，門路吉旺，廚廁配置良好的格局，內氣充實，無懼外來的不利形勢；對於流年生旺剋洩之氣，所受影響程度亦較低。倘若風水體質原即欠佳，則運勢稍有變化，即見衝擊。尤逢九星中的二黑、七赤、五黃等凶星加臨，更難逃休咎。

上篇談及紫白九星對風水運勢的影響，尤其是流年方位吉凶，靈驗處常教人拍案讚嘆。十多年來，本欄所舉的實例，包括觀察、堪測、預言、評斷，甚少謬失出格。關於此點，長期的讀友們或許有些認知贊同。茲再以今年風水運勢的變動部分，略加敘說，以供參考。

有些人的先天命造格局，對於運程變化的感應不強，幾十年下來，一切平淡無奇。這種人沒啥必要算命，就像健康的人無須就醫服葯。當然也有很多境遇隨運浮沉，一生順逆落差甚大者；在身不由己之餘，每感歎造化弄人，也較易接受算命推運的說法。

屋宅風水亦然。通常平面方面，門路吉旺，廚廁配置良好的格局，內氣充實，無懼外來的不利形勢；對於流年生旺洩之氣，所受影響程度亦較低。倘若風水體質原即欠佳，則運勢稍有變化，即見衝擊。尤逢九星中的二黑、七赤、五黃等凶星加臨，更難逃休咎。

例如今年七赤賊星飛正西，主災病退財。凡是玄關大門在屋宅的正西方，如坐東朝西（震宅）前方開門，多半是店面，業績大退。又如坐北朝南（現宅）正右方開門，流年雖金星為生氣，賊星仍具殺傷力。開春迄今，已見不少倒楣的案例。化解之道，可以缸蓄水，置門口左近，管用！

遼寧街南京東路口，有一停車場，佔地甚廣。當初東側未拆時，遼寧街西側店面生意極旺；對面拆為空地之後，視野雖廣，龍氣卻阻斷，生意一落千丈。不少道路拓寬，也有同樣情形。如迪化街住戶一心想要更新街廓，是福是禍，其實難料。

遼寧街上有兩戶人家，正西開門。今年一遭倒帳，股票賠錢；另一戶則肝疾入院開刀，生死交關。七赤金星臨門，其病在肝膽之間，不可不防。至於二黑土星飛臨西南，破壞力亦不小。二黑為病符，以病災居多，防胃、腎等土水系統毛病發作。

乙亥豬年，五黃入限，火煞當頭，火災、爆炸頻傳、洵非偶然。有些坐北朝南、坐西北朝東南的屋宅，原來格局配置稍差者，感應最為敏銳。鎮日居家的老小婦孺，受害者眾。除以蓄水化解之外，得空宜常出門走走，對透氣避煞應有助益。

近些年電視、電台的 CALL IN 節目極多，命相風水靈異也大行其道，簡直到了氾濫的地步。穿鑿附會的結果，往往會誤導觀念，以為風水萬能，或命理可宰制一切。其實，所有地理師或相士的說法，都只能參考，切勿奉為圭臬，以致影響了自家的思維與判斷。

53 胃疾有病源，無關風水

人們幾千年來，困於對婚姻、財帛、事業、子女、健康的欲求，鎮日煩惱，難得自在。不過，風水並非萬靈丹；而事事歸咎風水不對，更是誤會太深。

股市連續挫折下跌，影響市場消費。許多餐飲業、百貨公司，人氣冷清，門可羅雀。無計可施之餘，每每想到是否可藉風水的力量，扭轉敗局。有些人以為，搬搬櫃檯、移動老闆坐位，生意即會變好，事實不然。有人大肆改門，敲窗打牆，結果花錢費心，仍然大失所望。

景氣欠佳，乃是天時不利。譬如暖冬寒夏，賣棉被及冷氣機的商人，即受影響。

毋需亂改風水，只消天氣一變，生意就來。股市房市低迷，高消費場所自然不振，如鮑翅宴席，食客寥落。倘怪罪風水門路，櫃檯爐向，這未免錯置因果。

堪宅時常遇當事人問及，可否擺設一種特殊吉祥物，如水晶、寶石、美玉、雞血石之類的天然珍品，藉以聚氣納財，或鎮宅平安，也有用八卦、圓鏡、風鈴、洞簫、財神像、鍾馗像等物事驅邪化煞，這種風水之外的方法，效果如何，甚難評估。

北市中山區也有一戶人家，財貲甚豐，八十餘坪住宅之內，擺了許許多多的畫作、雕刻、藝術品等，價值近億。此外，魚缸、盆景亦皆精緻高雅，看來宅氣調得不錯，然而，今年初發覺胃部長瘤，非開刀不可。宅主憂憤交加，質疑好風水的宅第何以尚會罹患惡疾？

其實，從命相風水的理論來說，光算命（指算得準）即可推斷人未來的遭遇與吉凶，而且很難改變或趨避。例如去年冬天，一位在號子上班的女營業員，專程跑到筆者講課（八字班）的教室，要求推算運程。由於徵兆明顯，乃告以八三年甲戌干支又逢甲戌月月（舊曆九月），離婚必不可免。

這位女士十分感慨，說她到處去算命，每個人都指出她會離婚，而目前也確實簽了協議書。然而，在離婚之前，改運、搬風水、許願等，花了許多功夫，卻是徒勞。如果改風水有用，應不至於離婚。可見，屬於人的因素，很難用風水方法對治。上述實例也證明了命理的真確與影響。

筆者在台北之音有個風水 CALL IN 的節目（週日上午十點），每回都遇到形形色色的問題，新奇而有趣。人們幾千年來，困於對婚姻、財帛、事業、子女、健康的欲求，鎮日煩惱，難得自在。不過，風水並非萬靈丹；而事事歸咎風水不對，更是誤會太深。

前述寶玉之類的吉祥物，多出於土石，而為大地之精粹，具有相當能量。倘置於適當方位，有助於納聚吉旺之氣，化煞之說，絕非無稽。而且，舊品不如新品，小不如大，最重要是擺設於財位或生旺方，才有感應。但想在短時間之內扭轉頹勢，反敗為勝，仍非易事。

54 股市跌得凶，且慢開罵

明白富貴窮通循環的道理，即不致於對小小的橫逆感到沮喪。有多少失去名位、財富、家庭，甚至性命的例子，股票跌個幾千點，又有何懼哉！

自然界最明顯的現象，即是循環。日月東升西落，四季春夏秋冬，萬物生滅相銜。有人力求長生不死，只能說他不解世道—物有本末，事有終始，知所先後，則近道矣。古人的陳腔濫調，卻真是不易至理。

「風水輪流轉」這句話，也常被人提到。打麻將不可能每回都贏錢，作股票也很難每檔都獲利，認清這個道理，遇到不順遂時，心理的衝擊才不至於太大。換言之，瓦罐不離井上破，沒這種體認，就少去冒險。

股市大跌，跌得疾，跌得凶。散戶嚇壞，大戶嚇傻，分析師也張口結舌。庚辰年庚辰月，自清明（四月四日）之後，風雲變色，只在一夕之間。不過，從來就不曾有只上不下的指數，否則，現在早已十萬點了。上上下下，亦屬常態。而自其中的變化，是否能看出端倪呢？

由流年五行干支的輪轉，金木水火土，何者利股市，何者不利股市，有沒有脈絡可尋？答案是有。

民國七七、七八年，戊辰、己巳干支火土，股市大旺。七九年庚午馬年，五行交入金氣，股市自一萬兩千多點，下滑近一萬點。彼時房市受景氣牽引，房價大幅下跌，形成一片悽慘的凋敝景象。

當時，「火土旺，金水敗」的說法，流傳盛廣。到了八七、八八年，戊寅、己卯年，木土相間，起起落落，但多少有漲的旺氣。尤其全球經濟情勢看好，更助長股價指數的上揚。

今年開春以來，戊寅月、己卯月，都是土運，交入清明，即為庚辰月，年月皆金，洩氣太過。大約要到夏季巳午未火土干支，始有起復機會。

今年風水吉氣分布在四維方位，如東北、西北、東南、西南等。如果在家看盤，最好選擇有利的方位，此指看盤入座的位置：

坐南向北、坐東向西、坐東南向西北，這三種坐向的房子，吉旺財位在東北。坐西向東、坐北向南、坐西北向東南、此三種坐向的屋宅，吉旺財位在西南。坐西南向東北、坐東北向西南、坐西向東、坐西北向東南，流年吉旺財位在東南。在號子內看盤者，如有貴賓室，門不宜在北，或正東。因正北值五黃煞氣，正東值七赤賊星，都不利財運。

明白富貴窮通循環的道理，即不致於對小小的橫逆感到沮喪。有多少失去名位、財富、家庭甚至性命的例子，股票跌個幾千點，又有何懼哉！

55 重大血案，豈干風水？

人會遇見哪些事，固然不易逆料（如意外事故）；但「禍福無門，唯人自招」，只從自家平日行徑觀察，未來可能的遭遇，其實是有跡可循的。

立秋以來，社會案件頻傳；從靈異掃黑到追緝殺手，每樁事例皆衝擊治安，搖撼民心。尤以劉宅血案最為駭人，十槍八命，狠毒至極。值此近乎「亂世」的大環境，人人唯有自求多福，堪保身家老小安寧。

命相風水太氾濫的結果，往往誤導大眾將「幸與不幸」，或「成敗得失」，完全歸諸於彼，反易忽略了為人處事應有的基本道理。如「暴虎憑河」者，招來休咎，本自平常，實無需歸咎運勢欠佳或風水犯煞。甚且邀請術士上電視台談命案，妄言何日可破，凶手是誰。類此行徑，皆不足取！

丙子年上火下水，沖剋劇烈。無論上半年境遇如何，下半年很可能情況逆轉。據統計，今年的空難死亡人數，全球已逾千人以上，超過歷年來的平均值甚多。距二月四號立春尚有一段時候，仍然大意不得。

風水運勢方面，五黃煞氣臨西北，七赤賊星到東北，此二方位開門者，今年不利居多。日前赴中部某住家堪宅，坐南朝北，門開西北；本來門位就不對，流年煞氣更加倍。家中獨子才國中一年級，無緣無故墜樓而亡。宅主夫妻傷慟欲絕，卻又奈何。

宅居風水欠佳，不一定會發凶，但有潛在風險。譬如有人說劉縣長宅邸，左前方（廣場）缺了一大塊，在風水上是「凶相」。不過住了六、七年，並無啥大事，直到這回鬧了個驚天動地，才被提出來當箭靶。

我們可以這樣想，倘若此宅是由別的家庭居住，居者的社會關係十分單純。那麼，即使風水欠佳，也不太可能會發生這檔大血案。由此可知，人會遇見哪些事，固然不易逆料（如意外事故）；但「禍福無門，唯人自招」，只從自家平日行徑觀察，未來可能的遭遇，其實是有跡可循的。

前些時南下斗六，為雲林縣房仲公會講了一場風水課。聽眾問題五花八門，特別的是，和台北都會區有相當的差異。農業縣份風氣仍十分保守，對屋宅風水的觀念亦甚陳舊。透天厝、農宅、店鋪、街廓型態等，與大廈、開放空間、地下室，夾層之類的都市建築特色，幾乎是兩個世界。二者面臨的課題和困擾，自也不同。不過，房地產的欲振乏力，倒是不分南北，同陷窘境。

冬至之後，陽氣上升，丙子的水火交戰，也告一段落。到了八六年元月（舊曆年前），年月丙子，辛丑干支皆合，景況可能轉佳。有心反敗為勝的，年前打拼，或有扭轉局面的機會，善加把握可也。此月九紫喜星入限，且年月天地德合，擇吉成婚，辦喜事甚相宜。

第四篇

創造出事業興旺的好風水

開店營生或投資做買賣，將本求利自是最重要指標。而營運項目和事業基址，皆宜審慎擇定。面對諸多店面和辦公大樓，倘能慧眼獨具，挑中水氣通暢、門路順旺的物件，加上合宜的配置擺設，則可為自家創造好風水。洞察天時，把握地利，勤勉不懈，成功即在眼前。

56

重視風水的建商較可靠

有些建商勇於創新，不在乎什麼風水或美感，完全崇尚標新立異的建築風格。例如找來外國設計師，規劃極其特殊的造型外觀，且因此標高單價。這自然須冒極大風險，連花大錢購宅的闊佬也是冒險。別以為風水不算啥，敗起運來還真止不住呢！

近時房屋交易，已儘量透明化；所謂嫌惡事項，包括凶宅、近墳、近基地台、近電塔、近寺廟等等。從前都是風水師提出的拒買建物，亦即「風水抗性」。如今明載於白紙黑字，可充討價還價的基礎，倒也十分公平。有些建商一貫重視風水，盡力排除各種抗性，有利購屋人。

建商看風水，有兩種用意。其一，出於善意，希望客戶住了都能平安有財。其二，出於自保，擔心規劃坐向造型或室內平面，有牴觸風水之處，阻礙銷售，影響獲利。一般說來，後者居多，畢竟在商言商，能多賣幾戶，哪在乎別人住得好不好。

長期觀察，即使是後者，只要留意風水事項，終究仍對住戶有利。通常賣相好，或好賣的房子，風水方面至少都不差，幾乎不會有極重大的瑕疵。例如，怕大樓沒人買，造屋時正面避開路衝、反弓，或空地造景加強水木設施，亦均利於居者。

有一家大建商，在大河流旁推案，規劃建物排列之前，曾先探討風水形局。由於社區大戶數多，傍溪流本來是好的風水題材，但如果形局背離山水，反易形成抗性。假如屋宅正面不沖反弓曲水，即無疑慮。此案已推出一兩年，銷售尚可；若不論房價，住者算找到好房宅。

中山北路某岔路口，丁字路易造成路衝形勢，蓋大樓必有抗性。此為合建案，建商小心翼翼，在現場瞧了又瞧，風水師也認真討論。後來終究沒有推案，畢竟大路衝的風險太大，幾個億的資金懸掛在那兒，總是不妥。由此可見，建商過濾風水，不管為誰的利益，購屋者是不吃虧的。

曾見有都更案，因參與意見的住戶很多，室內平面格局被視為焦點。大概所有的忌諱都提出來談，如廁不可居中宮，房門不宜相對，廚房爐位忌朝門等等。七嘴八舌之後，理想的配置確然出現，住戶在選屋時，戶戶皆吉厝，可謂皆大歡喜。

中庭或一樓大廳的造景，有些建商相當重視。如游泳池牽涉「水」的五行，方位往往慎重。或大石大樹乃至雕塑品，安放的位置，每人都各有不同看法。部分以美感，部分以風水，或社區格調品味等，倘能達成共識，多半吉旺又有格調，對房價自有助益。

一樣米飼百種人，有些建商勇於創新，不在乎什麼風水或美感，完全崇尚標新立異的建築風格。例如找來外國設計師，規劃極其特殊的造型外觀，且因此標高單價。這自然須冒極大風險，連花大錢購宅的闊佬也是冒險。別以為風水不算啥，敗起運來還真止不住呢！

至於代銷房屋的廣告公司，風水方面更是注重，因銷售成績優劣，直接影響盈虧，而建商可再換另一家代銷，賣個一兩年也撐得住。售屋接待所的風水更是要緊，現場的氣運佳，成交自然順暢，早年許多代銷案，接待中心的圖都先由風水師瞧過才動工。也有人賣到半途快掛了，才央求先生來診斷急救，類似案例，多不勝數。

貼心風水小提醒

✤房宅缺角歪斜勿住。有些房屋基址，因建築線及畸零地問題難解決，將就以歪斜缺角的土地建屋，則居住者必受其害。如倒梯形的房屋、五角形的宅邸，或尖削長短不齊的形狀，都屬凶多吉少。

✤有些基地因道路重劃之故，變成三角形或菱形，建屋時很難規劃；書云：「長短地出是非人」，如造屋有餘地，當削去斜腳另築倉庫或小屋，否則極為不利。現在流行中庭花園或花園廣場，以餘地種花蒔樹，還算不錯。

✤有一類房屋前面或後方缺角，倘缺的是殺方，則影響不大；若缺的是財位或文昌位，則必主漏財或不利考試升遷。

57 高樓前後棟，風水不同

辦公大樓前後棟的坐向不同，前棟朝南，後棟可能朝北。前棟面臨大馬路，後棟也許是小巷道，或僅是防火巷。因此，同一棟樓內，風水旺衰各異。

隨著消費型態的轉變，店家對風水的吉凶旺衰，也宜有不同的認知。譬如，在大賣場內開餐飲店，該怎麼選攤位？哪一家大賣場值得花錢進駐？關鍵是大賣場要有人潮，內部的各式商品和飲食店才有業績。

北市內湖區在短時之內，擠進好多家大賣場，包括好市多、家樂福、大潤發等等，據說，大家業績都不錯，可見現今大眾消費型態如此。至於風水形局誰比較吉旺，大概要三五年才能分出高下。

友人在其中一家設店，賣韓式烤肉飯，拜韓流及賣場人潮之賜，營運甚佳。比起當初在台北街頭巷路找店，情況好太多了。此處和百貨公司美食街一樣，採業積抽成，負擔較輕，獲利自亦可觀。

辦公大樓前後棟的坐向不同，前棟朝南，後棟可能朝北。前棟面臨大馬路，後棟也許是小巷道，或僅是防火巷。因此，同一棟樓內，風水旺衰各異，租金也應有所差別，每坪價差一兩百元是合理的。

一位貿易商辦公室在信義路上，因前方道路開挖，捷運工程一拖數年，擔心影響財運，遂搬到後棟另一戶辦公室。坐南朝北門開東南，變成坐北朝南門開西北，吉方變煞方，今年初才遷入，半年即焦頭爛額，虧損連連。

這是五二年次癸卯年肖兔者，流年沖太歲，不動不安，未料一動就搬錯地方，只好再搬一次。這回換至長春路某大樓，坐南朝北，西南開門，希望能穩住頹勢。人運如宅運，二者都不濟時，切不宜硬闖硬撐。

日前南下高雄去看一家飼料工廠，經營近卅年，曾有風光歲月。和台灣多數企業相同，如今都面臨傳統產業市場萎縮的困境。工廠的風水並無不對，只是產業景氣不振，為之奈何？除非有新點子新產品推出，否則風水幫不上忙。

台中工業區內亦然，許多老企業搬遷一空，有些在廣東，有些到上海。海闊天空，卻不一定賺得到錢。政策說變就變，地方領導說了算；看風水不如算命，有極順旺的運勢，才足以拿資金和時間去對岸相搏。

近年台灣的移民風潮，很多是不知不覺當中，流向大陸。有人去經商，去上班，去求學，接下來家中成員一個個過去，終於暫時定居彼岸。誰也難料未來走勢，為生活需要移居者，只能過一天算一天了。

彼岸商界受台商影響，也有不少人開始看辦公室住家風水，到處央請風水師，真假搞不清楚，以上海、北京、廣州等地，較為流行。「破四舊」的觀念，如今又被破了。媒體發達的社會，風尚的傳染是特別快的。

58 擇業先算命，細推五行

不是開店就能賺錢，就算是大家認為最穩定的便利商店，做不起來的也大有人在。尤其車水馬龍的大道旁，人們以為財氣夠旺了吧，其實不然。駐守在住家戶數極多的社區附近，才是安穩之處。

經濟景氣不佳，許多自職場退下，或事業經營不順者，紛紛失業在家。算命問卜，前途茫茫。連鎖店加盟對這些人有極大吸引力，數十萬元最多百來萬，即可能開創事業第二春，何不放膽一試！問題是，該選擇哪一個行業？

算命的說，命中缺火土，所以宜從事五行屬火土的行業，例如食品烘焙類屬火，砂石建材類屬土。也有人生夏天，命盤缺金水，做金水行有利。例如五金、機械、珠寶、飾品、家電或電子產品及金融等，五行都屬金。

至於水的行業，包括貿易、冷凍、飲料、酒店、航運交通、加油站、化工等等。友人自認宜開飲料店，遂加盟一個品牌，在大安區一條相當熱鬧的街道開店。裝修十多天後開張，才一個禮拜不到，就打算關門大吉。

原因何在？命中缺水，開飲料店賣珍珠奶茶，平均一天賣不到廿杯，未免太奇怪。經詳細推算，流年冲太歲（此人五三年次肖龍），運勢不利；且承租的店面坐東朝西，今年煞氣臨門，不倒楣亦不可得也！

不是開店就能賺錢，就算是大家認為最穩定的便利商店，做不起來的，大有人在。尤其車水馬龍的大道旁，人們以為財氣夠旺了吧，其實不然。駐守在住家戶數極多的社區附近，才是安穩之處。

車輛往來太頻繁的道路，停車不易，連暫停都忐忑不安，即令進了店內，也急匆匆買了就走。如此一來，交易減少，營收根本不足開銷。一些退休人員加盟超商，鎩羽而歸者，比比皆是。

值得一提的是，路冲店面開超商，營收多半甚佳。例如光復北路冲南京東路的統一商店；成功國宅北側路冲的統一商店，以及樂利路通化街口那一家。冲者散也，商品易散則營收滾滾。因此，選擇店面得多留意風水形局。

在房市一片熱潮之中，不論預售屋或新成屋，都賣得搶搶滾，尤其是大台北地區。然而，接待中心大門開錯方位，便沒那麼好光景。曾看去年開西北門，今年開正西門者，流年五黃煞氣相攻，專案撐得十分辛苦。

幾處高價地段，每坪六、七十萬的個案，天時正旺，接待所大門對盤，短時就全壘打。像大安區的大安官邸，文昌氣旺，規劃又好，一推出即滿堂采。從過去經驗來看，景氣第一，規劃第二，風水第三，事事就緒，一切OK。

中正區某大廈，坐東北朝西南，形局尚佳。友人前年即遷入居住，平安有財。日前某名模購買頂樓，該下一夕出名，房價跟著上揚。此所謂「人和」，現今名人的範圍，已擴大到藝人、政客，乃至名嘴，只不過他們屬性不同，吉凶效應亦相異，政客或許會拉低房價。

59

財氣和安寧，不易兩全

住家、店面、辦公室，改風水是常見之事，但上了報或電視，即被當作八卦。有時會找些什麼「理事長」，以專家姿態說東說西，極盡穿鑿附會之能事。部分無厘頭的說法，誤導人們對於風水理論的正確認知。

台灣社會持續著鬥爭和僵持，氣氛令人不適。人們讀報看電視，往往會錯覺，世間事事不平順。丙戌火土干支，火氣太旺；戌為天羅地網，逢災便傷亡必重。因此，最好各安天命，自求多福，少淌渾水。

報載華視換了新總經理，接著是改風水的新聞。其實有關該電視台的風水，廿餘年來始終是話題之一。當年創台之初，首任董事長是位知名水彩畫家，甫就職即過世。有人便直指，正前方松山菸廠的大煙囪，為罪魁禍首。

華視南側鄰居，是國有財產局北區辦事處。民國七十二年前後，華視辦喪事，國產局也辦喪事，且發生主管涉入弊案事件。於是，華視封了大門走側門，國產局也把光復南路上的大門改到側面巷內。

松山菸廠如今是遷走了，光復南路旁的員工宿舍也已消失。昔時該區段曾有獨特的風格與市街文化，但風水上受制於大煙囪，居者平安財利多少受影響，能搬離那個地區，或許是件好事。

有人說華視攝影棚陰氣重，演員上靈異節目言之鑿鑿。何以有陰氣？各方說法不同，一般人視為風水欠佳的一種。會否影響宅邸或店家、辦公室的平安財運，答案不言可喻。

住家、店面、辦公室，改風水是常見之事，但上了報或電視，即被當作八卦。有時會找些什麼「理事長」，以專家姿態說東說西，極盡穿鑿附會之能事。部分無厘頭的說法，誤導人們對於風水理論的正確認知。

天母北路、石牌路、行義路三岔口，車來車往流量極大，附近住宅大樓不少，家家戶戶裝上氣密式窗戶，以隔絕噪音。不過，道路形勢甚旺，財氣不錯。這種雖吵雜，卻有財的風水，算好還是不好？

有些又深又長的巷道，晝夜都很安靜，居者財氣平平，這算好嗎？一般言之，年輕積極賺錢為先者，宜選擇人車較多之處，水氣通暢，比較有財。年長退休頤養或婦孺居家者，不妨幽居於寂靜巷道，總之，各安所居。

日前在板橋看一住家，坐南朝北，窄巷深處，二樓光線不足，長年陰暗。居者工作財利都不順，健康亦差，退休後從事小生意，也賺不到錢。建議乾脆租個店面，住到店內，則不愁小巷弄沒財。

陰曆閏七月，有人擔心婚嫁搬家會受影響。鬼月本是民俗之一種概念，姑妄信之；但第二個七月（閏月）並不算鬼月，不必在意那些忌諱。動工修造或入宅，慎擇時日仍可行。

盧尚大師貼心風水小提醒

✤購屋者所應留意的，並不是華麗精緻的銷售中心與樣品屋，而是基地位置、周遭的形勢、屋宅的平面、爐廁的配置。倘若平面圖上看到不方正、歪斜、廁佔中宮、爐口沖門的格局和配置，切勿輕易下訂購買。不論現場有多熱烈，千萬別被「催眠」了。

60

荒野開店，門路形局何用

傳銷業在不景氣社會一枝獨秀，人們都想小本賺大錢，唯成功者極少數。命盤中無財無貴人，或行運不夠吉順者，切勿輕易投入，以免進退兩難。

去年甲申，今年乙酉，都是干支相尅，地支金星和天干木星相沖尅。有人認為，這是近兩年天災地變特別多的因素之一。

一甲子之前的甲申乙酉，正值二次大戰末兩年，從諾曼第登陸，到太平洋跳島戰術，盟軍和軸心國殺得難分難解，雙方軍人和百姓死傷也特別慘重。包括空軍轟炸平民，亡者千萬人，最後扔在日本的兩顆原子彈，比起之前的屍橫遍野，只能算小場面。

古諺有云：欲知世上刀兵劫，但聞屠門夜半聲。人類以鳥獸牲畜魚蝦蟲為食物，不得不殺而烹之。然而，宰殺的手法似乎愈來愈殘忍。且看電視臺的日本節目，殺魚殺龍蝦生食，頭還在動，肉已入口。日本算是先進國家，仍不免如此；中國人吃山產果子狸，敲猴腦吸骨髓的行徑，猶有過之。

天地不仁，以萬物為芻狗。人類不仁，以生靈為食物。由此看來，承受些天災地變人禍，並不為過。地震帶居家，人們之過；治水不力，人們之咎……。活在世上，就得面對種種變故，推給干支陰陽五行，顯示缺乏自省能力。也有推給執政者，亦屬戲論，而無實益。

十月八日節氣交入寒露，丙戌月火土相生，希望世道清明些。今年五黃煞氣飛西北，恰在淡水出海口，以往經驗可知，台灣經濟成長必不利。財經官員預估一向報喜不報憂，如今看來不啻是「猜話」。市況如此凋敝，自殺者一個接一個，有誰在意呢！

雲林崙背鄉算是極偏遠貧困的農村地帶，車行沿途，一片空曠，沒有稻作，也無建設。友人居然想開庭園式餐廳，央筆者堪測門路方位櫃檯廚房配置等。在這種地方開店，除了把名氣打開之外，別無取勝之道。風水形局，影響不大；但荒地野靈多，少不了要按時拜拜。

失業率高，想創業做小買賣者眾。找店面選地段，則形局門路至關緊要。在都會區，別人的店旺，你的店即不能弱，否則只有淘汰。今年首度開業者，門位不宜在西北或正東、東北，因方位運勢流年不利，開張即碰鐵板，對營運信心打擊不小。

傳銷業在不景氣社會一枝獨秀，人們都想小本賺大錢，唯成功者極少數。命盤中無財無貴人，或行運不夠吉順者，切勿輕易投入，以免進退兩難。某一通信節費品牌的傳銷廣告很大，有意加入者來問，筆者均予勸阻。日前該品牌爆發違法事件，相信及時卻步者都感慶幸。亂世騙局多，小心為上。

貼心風水小提醒

✤ 龍長聚氣，反弓退財。反弓者，指房屋門前的馬路呈倒弧形，弓背正沖房屋，例如圓環旁的道路為環形，則四周的房屋都遭反弓沖射，因此比較不平安。

✤ 別墅區內常見反弓路的情形。因別墅規劃多為獨棟，且山坡地高低不平，路況常呈S形，面對凸出部分的道路，即為反弓，主官非退財，類似實例，不勝枚舉。筆者在水仙山莊曾看過一戶人家，才住兩年，千萬財產，幾乎敗盡。而山莊其他住家因未遇反弓，過得很好，可見擇屋之道，路形第一，切勿忽略。

61 祖厝和起家厝的效應

祖厝並非陰宅，不具備統合之重大影響基礎。甚至，祖墳有不少是偏旺的；所謂龍邊管一四七房，明堂管二五八房，虎邊管三六九房。因此，同一座祖墳，子弟旺衰榮枯有異。

近時有所謂九月政爭，事件發生伊始，呈現一面倒態勢。此刻便有好事的地理師和媒體，把攝影機架到高雄王家的祖厝，指東道西，這廂氣弱，那廂樹倒；顯然是祖厝風水連累王氏，也有廟祝上鏡頭，說原是忘了還願，故遭遇橫逆云云。

傳統的習俗，是祖厝為精神象徵。當年李登輝總統任內，常於春節時在三芝老家發紅包。陳水扁總統則回官田的老家與台南鄉親打交道，從未在台北的官邸派紅包。

馬英九總統和苗栗馬家莊本無淵源，但一筆寫不出兩個馬字，故也選馬家莊作為分發春節紅包的基址。

尊為精神堡壘是一回事，風水方面有無影響又是另一回事。從陽宅風水的道理來看，居者才受屋宅影響；祖厝既非日常居家或辦公處所，則不問其形局氣場如何，都扯不到遠走異地發展的子弟。若非如此，試問其現居之宅和辦公室，又有何作用？

何況，假如祖厝可能影響派下子弟，那麼多房，是否旺者一塊旺，衰者一塊衰？祖厝並非陰宅，不具備統合之重大影響基礎。甚至，祖墳有不少是偏旺的；所謂龍邊管一四七房，明堂管二五八房，虎邊管三六九房。因此，同一座祖墳，子弟旺衰榮枯有異。

若干年前，某跨國財團老闆曾發生子侄輩盜走先人遺骨的事件。對方認為風水只蔭某房，有欠公平，故想報復。事實上，人們的富貴窮通，世俗成就，都是與生俱來。長輩遺骨如何葬，只有加分減分之差別。根據佛經的論述，人的種性是業報結果，亦即此生順逆浮沈之本。

前已言之，如祖厝會旺人，則各房子弟都應發達，但事實不然，至於起家厝又如何呢？

起家厝是事業成功者，或自認成功者，對發跡之前所居住的屋宅的懷舊之情，重要的是，該宅仍在自己掌控之下，否則便算不上起家厝。譬如早就拆除重建，或落歸他人之手，皆不如此稱呼。

從前皇帝登基之前所住的房子，被稱為「潛邸」，意指從「潛龍」變成「飛龍在天」。例如」李登輝任副總統時，在大安路建安國小斜對面的官邸，後來也稱潛邸。五六年前改建大樓案名為「大安官邸」，這類的起家厝，於今毫無影響力；就算有，也已成過往。

迪化街是年貨集散重鎮，許多富豪出身於此。由於被劃為歷史建築，外觀不得改變。因此，這些人的祖厝或起家厝，至少數十年內不致拆除，也就不會有什麼風水方面的顧慮。現今都會區的都更案件處處可見，且採集體作為，即使比照文林苑想保住老宅，亦不見得如願。

台灣某電器業家族，曾經獨佔龍頭，當年起家厝位於淡水的道旁，坐東朝西，雖早已無人居住，但維護甚佳。比較積極的企業家，功成名就之後，往往將起家厝原址改建大樓，冠上自家名號。不過，這對於現況運勢亦無加分，除非有使用好風水的建物，否則掛什麼招牌，打上什麼圖騰，都只是錦上添花，並無實益。

盧尚大師 貼心風水小提醒

✤ 路箭沖射：一般丁字路底，正中房屋常稱為路沖，如重慶南路襄陽路口的中小企銀，幸而該行一樓墊高，未遭直路來沖。書云：「直路沖門損少年，直路沖屋散金銀」，路沖為禍之烈，實無出其右者。

✤ 屋宅後方有路來沖者，稱為「洗背水」。例如總統府後方，適逢長沙街一段直沖而來，該處經常有意外事故。又如側面有巷道來沖，亦不相宜；在民生社區附近，由於棋盤式巷道不夠整齊，常出現巷道側沖的情形，被沖的屋宅，生意都做不起來。

62 大選年運，房股市當心

究竟屋宅風水僅係反映人的際遇，抑是風水運勢能改變人的際遇？從實務上來看，兩者兼而有之。不過，人的行運，影響往往超過風水。宜參酌二者的實際狀況，推斷吉凶才不致脫節離譜。

台北市的民生社區，因陳水扁住在那兒，且選上總統，故頗有些鹹魚翻生的味道。廿年前的公寓建物，如今已稍過時。但巷道縱橫，屋舍齊整，坐卦純正，風水旺勢並不遜於從前。

重慶南路二段的總統官邸，據說尚在整修當中，希望陳總統遷入之後，運道可以平順些。通常，政府領導人命盤行運的旺衰，間接反映出政事的順逆。當選總統，看似好運，實則禍福相倚；身負重任，壓力又大，除剛選上時，雀躍欣喜，躊躇滿志。一旦興奮感覺消失了，接下來的可都是苦頭。

今年紫白飛星，四綠文昌飛臨正南，凡大門在正南者，利名升遷，有彈冠之慶。陳家在民生東路的宅邸，大門即開於正南。除了男主人大選獲勝之外，女兒也被長庚醫院錄用為牙科醫師。甫上班時曾飽受媒體騷擾，新聞鬧得還不小。

友人任職某國營企業，三年前的一次人事調整中，被長官擺烏龍，主秘一職失之交臂。此人居家風水形局不差，坐南朝北，正南文昌方開門。今年九紫旺星入宅，四綠文昌雙臨門，在無預期之下，擢升等待已久的職位。

究竟屋宅風水僅係反映人的際遇，抑是風水運勢能改變人的際遇？從實務上來看，兩者兼而有之。不過，人的行運，影響往往超過風水。宜參酌二者的實際狀況，推斷吉凶才不致脫節離譜。

好運當頭時，選擇住家或辦公室，多半找到好房子。反之，人運背時，碰見的常是形局門路有問題的衰宅。這一來，運好的錦上添花，運背的雪上加霜。實例上看到許多類似的個案。

在豪宅廣告漫天飛之際，也有人住極大坪數的房子，卻形同困在裡頭，這邊不順，那廂不對。該宅由兩戶一樓打通，佔地約一百廿坪左右。可惜的是，舊房子天花板低，隔間又沒打通，處處小空間，處處碰壁。居者活像迷宮裡的老鼠，成天轉彎抹角的，全無寬廣舒適的感覺。

由是可見，住得舒不舒適，和隔間佈置有極大關係。房屋不光要門路外六事好，住來感覺順暢，才是好房子。別墅要坪數夠大，效果方能顯現。內湖重劃區有不少透天別墅，又窄又淺，價錢又貴，也無景觀，稱不上好宅第。至於山坡地別墅，因坡地身價大跌，許多優點被淹沒了。

庚辰龍年和十年前的庚午馬年，都是總統改選年，也都是房市股市崩盤的年份。猶記馬年十二月七日大雪節氣過後，兩者由谷底爬升，氣勢再起。希望今年也能重演末季旺勢，則國人幸甚。

盧尚大師貼心風水小提醒

✤什麼叫做財運呢？八字本命屬土者，以水為財；屬火者，以金為財。

✤屋宅也有財運。譬如坐北朝南坎宅，宅星一白屬水，逢六白金生氣為財星。若流年六白恰好到門，為財星臨門，必主進財。坐南朝北離宅，三碧木星為財星。坐西朝東兑宅，八白六白皆為財星。

63

移形換位，提升產能

真正被不景氣困住的，厥為傳統性的行業。辦公室搬來搬去，風水改東改西，還是不靈，何以故？風水不敵景氣也！

在百業俱廢的景氣當中，除了新竹科學園區的高科技產業，能賺到錢的，委實屈指可數。竹科區內，多半為先進科技產品，即所謂「趨勢型」的產業，他們是帶動社會的發展，只要東西夠好，不受景氣的牽絆。

真正被不景氣困住的，厥為傳統性的行業。辦公室搬來搬去，風水改東改西，還是不靈，何以故？風水不敵景氣也！開店者更不信邪，這廂貼令符，那邊安財神，客人就是不進門。沒有魚群，再好的漁網都不管用。

多年前曾赴竹科看一家生產「衛星接收器」的工廠，當時由於產品的「良率」過低，導致成本偏高，從而不斷的虧損。產品前景看好，可惜生產不順，不得已，把工廠盤給一位金主。

這位金主也是製造業背景，十分相信風水和行運。那年有人替他算命，說財運當頭，出手投資，必有斬獲。接收了這家工廠，決心把它「做起來」。從風水門路開始檢討，該移該改的，一概照辦。接著檢討人事，裁掉了好些不適用者。總之，費了一番功夫，也花了不少錢。

半年之後，生產漸入佳境，訂單穩定成長，公司乃轉虧為盈。他的友人不敢相信，天下哪有這麼便宜的事？已經進到園區的廠家，居然能順利吃下，且在短時間內開始賺錢，運氣何以這麼好！

近年以來，看看那些靠網路發財的創業者，誰不是仗著點運道？論技術水平，大家差不多；如此，則決定勝負的，即是運勢了。本輕利重的科技行業，可說大家都有機會參與。重點是，有沒有足夠的吉旺運氣。再者，也要及早跨入這一行，否則外行人想賺錢，是難上加難的。

新竹科學園區內的建物，早期有許多西南、東北坐向。因當地風大，冬天東北風，夏天西南風，風吹氣散，故虧損的廠家甚多。後期的企業廠房，建物多半為正東西、正南北坐向，尤其愈蓋愈密集，聚氣有利。如今看來，該地區已成為台灣的聚寶盆。

民國九十三年起，元運交入第八運，八白艮運，西南和東北坐向開始吉旺。故而，原來不怎麼起色的，也會向上攀升。北市則羅斯福路、莊敬路等幾條道路，沿途建物會有一番榮景！內湖重劃區部分透天厝，還有台中市中港路上的屋宅，泰半是坤艮宅，即將步入吉運。

一般製造業，由於經濟結構演變，賺錢不易，此乃大環境使然。倘若以為改改大門、搬搬桌椅，就能趨吉避凶，未免過於樂觀。明年起庚辰、辛巳土金流年，光景不看好，想投資的人，好自為之。

64 困境中救企業，風水乏力

從風水形局來看，大辦公室不一定旺，小辦公室不一定衰。且看有多少企業總部高大雄偉，敗落時卻帶著更多淒涼味道。百貨公司歇業，由燈火輝煌人潮洶湧，變成黯淡寂靜，門前冷清，有誰表示過同情？風水形局沒改變，只因為經營環境惡化。景氣起伏，可以載舟，自可覆舟！

市況欠佳，百業不振，台北鬧區幾處高價餐廳，生意大受影響。股價一直跌，午餐隨便吃，成為股票族的守則。有一回，收盤跌了一百多點，當天中午，東區某家知名魚翅餐廳，只有兩桌小吃的散客。這與風水無關，純粹景氣使然。

近些時候，中小坪數的辦公室，突然變得有些搶手。原因是，不少企業縮小規模，裁員的裁員，或為了省租金，辦公室由大換小。尤其網路公司，投下龐大資金，卻做不出成果，縮編或關門，是常見的事。這一來，大辦公室便空了出來，小辦公室需求增加。

從風水形局來看，大辦公室不一定旺，小辦公室不一定衰。且看有多少企業總部高大雄偉，敗落時卻帶著更多淒涼味道。百貨公司歇業，由燈火輝煌人潮洶湧，變成黯淡寂靜，門前冷清，有誰表示過同情？風水形局沒改變，只因為經營環境惡化。景氣起伏，可以載舟，自可覆舟！

千禧年過了，西元的第廿一世紀已開始。這些紀元年代，只有心理上的意義，並無實際上的影響。因為，自始以來，時間連綿相接，分時分段，皆係人為。自然的日升日落，春夏秋冬，乃是首尾相接的循環，而非分段。至於世紀初世紀末，則缺乏自然的根據，毋需興奮或恐慌。

地球繞日一週，習稱一年。辛巳蛇年伊始，善誦善禱的話語不多，因自古來，人們多不喜蛇。甚至還常用「小龍」來稱它，閩南語則以「溜」稱之。「巳」據說是象形字，昂首而行的蛇，很少人不怕它三分。不過，上一個蛇年一九八九的己巳年，台灣的股市房市，可旺著呢！

彼時推預售案，接待中心尚未蓋好，有人光撐一把大傘在工地旁，就開始賣起房子，什麼風水也不必看。筆者曾在高縣岡山看一工地「富麗天廈」，一百多戶三天賣完，其中三分之一是在戶外的涼亭成交。天運佳風水吉旺的時候，真是山也擋不住，那是民國八十三年的舊事。

時至今日，傳統產業有大半成了夕陽工業。當年央人看風水、定格局，大賺其錢的紡織公司、建設公司，現在年年虧錢，在同一幢大樓內把自個兒弄小弄垮。有沒有人會相信，地理師過去搬搬風，改改方位，企業即能轉虧為盈？當然沒有！

不過，處境尚可的服務業，以及各種零售店、飲食業等，依靠過路人潮做買賣的，其門路形局仍是決定賺賠的關鍵，加強風水佈局，定有助益。辦公大樓的門位，紫白九星的輪飛，可相當程度的推斷企業營運的狀況，唯若想起死回生，是難上加難的！

65 外商看風水，入境問俗

以一〇一大樓的高度，什麼都瞧得見。然而，依風水論說，並非看見即會有客觀影響。高壓電塔的磁波，殺傷力肯定超過微弱的陰氣。實務經驗可知，現代建物高大強固，真正產生影響者，大概只有道路形勢，緊鄰建物相對關係，和內部格局配置，如大門方位、平面形狀等。

宋末文天祥傳世的詩句，「人生自古誰無死，留取丹心照汗青。」如今，後半句可得改為「留下遺體放何處？」土葬？火葬？水葬？花葬？樹葬？金寶山？龍巖？北海福座？慈恩園？頂福陵園……。

極少人願意生前即認真覓取遺骨存放處，故而死後多半匆匆將就。連那些家財萬貫的富者，也常為身後事登上社會版；不是墳地有枝節，就是風水成話題。

前不久，有位名人的萬年吉地還被安排在遠離故居的南台灣，是否符合本人心意，不得而知。

一般人多半沒遇見過鬼魂，也說不相信有鬼，但對墳墓則望而卻步，居家還不止退避三舍，連遠眺可及亦不樂意。常有人問，從陽台可看見「夜總會」，有沒有關係？當然有關係，主觀上已存芥蒂，稍有不順，很可能就怪到夜總會頭上。

墳場有陰氣，大概沒爭議，但對數十公尺或百公尺外的住家會不會干擾，並無確切答案。信義計畫區東南角有一處坡地，又是電塔又是墳墓，附近房價依然高檔。辛亥隧道周遭，墓碑林立，也有殯儀館，建商既然蓋了房子，人們也照住不疑。有沒有陰氣作祟，該問問住戶才是。

以一〇一大樓的高度，什麼都瞧得見。然而，依風水論說，並非看見即會有客觀影響。高壓電塔的磁波，殺傷力肯定超過微弱的陰氣。實務經驗可知，現代建物高大強固，真正產生影響者，大概只有道路形勢，緊鄰建物相對關係，和內部格局配置，如大門方位，平面形狀等。

某跨國企業是超大規模的化學公司，前些時遷入一〇一金廈，電子媒體大肆報導。原先他們曾考量民權東路上某辦公大樓，還央筆者勘測風水。由於和殯儀館相距較近，擔心員工不喜歡，終而捨棄該處，改選一〇一。其實一〇一看墳更清楚。

外商看風水，算入境隨俗，因總務財務人員多半為本地人，所提建議也須尊重。曾見過篤信此道的外籍老闆，唯多屬新加坡或大馬的華人。

至於日本人對風水有概念，日商看風水者，有相當比例。東京都的高架路甚多，據說周遭居者多不安寧，他們出版的風水書對此記述頗為詳盡。

新加坡的新達城，是該國政府興建的辦公園區。社區中央有圓形的水幕，象徵財氣聚集。政府招商，還以此為賣點，果然效應奇佳，企業排隊進駐。像咱們一〇一以高取勝，卻乏風水特色，未免可惜。

66 風水非靈異，效應不同

拜拜本與風水無關，多數住家、店面、辦公室並不需要拜地基主。此舉非關信仰，也無禮拜儀軌，僅是和看不見的靈打招呼，建立友善關係，消極的避免平安財利被妨害，乃至積極的增加助力。

近時電視有「通靈人」在節目當中說三道四，謂某男前世和某女是兄妹，或母女，因種種關係，今世成為怨偶，或相處不睦的夫妻。每則上節目的案例，都因前世影響，形成今生相互對待的關係。有些來報恩，三下五除二，簡單明瞭，人生的帳就這麼單純嗎？

把現實生活種種關係，都用前世來解釋，未免荒謬！何以這些不是今世才發生的？事事都是前世債，那前世的債豈不是和更前一世有關？無法查證的籠統的包山包海的說法，也不乏有人照單全收。總之，正如老輩們常掛在口頭，「前世欠他的，又能如何！」

有人藉催眠術回到前世，清醒之後十分振奮，自認見到前世的自己。也有往後看，畫面是西元二〇三〇年的自己，斯景斯情，似極真切。然而，不論意識或潛意識，在催眠作用中，都只是「獨影意識」，佛經上稱為「顛倒妄想」，宛如做夢，一切似假非真。

電子媒體報導新聞，靈異事蹟經常無中生有，胡扯瞎編。基於觀眾的喜好，所以有收視率。古云：「眾好之，必察焉。」何以人們喜歡閱聽這類資訊？即令半信半疑，也興趣盎然的跟著道聽途說。原因多半是對「未知的世界」，有莫名的期待。

算命看風水的實務經驗中，聽聞這方面的事例特別多，也曾真切地遇見「牽亡魂」及神靈、鬼靈、陰靈附身的場面。

雖見怪不怪，唯常能讓人反思，世間種種意想不到的現象，究竟該如何解釋？或根本毋須解釋！譬如，建商推案子，工地拜地基主，有很多人納悶，到底真假如何？

有效應嗎？

根據長期的應用和觀察，以中和的大工業廠辦社區「遠東世紀廣場」為例，一兩百億元的案量，其中靠拜地基主而輕鬆銷售者，約在一成半左右，相當於十多億元。此為專案自己的體驗。

又譬如元大建設在上海的「頂邦麗池」工地，專案也是天天拜，戶戶拜，終究還是「全壘打」圓滿收場。

拜拜本與風水無關，多數住家、店面、辦公室並不需要拜地基主。此舉非關信仰，也無禮拜儀軌，僅是和看不見的靈打招呼，建立友善關係，消極的避免平安財利被妨害，乃至積極的增加助力。現今許多一樓店家，拜土地公，也拜地基主；所謂「禮多人不怪」，花費不大，收效卻不小。

陽宅風水形局吉凶和室內配置，對居者平安財利有一定的影響。實務上的驗證，案例極多；從官府衙門、銀行號子、百貨旅館到升斗小民的店頭攤販，都各有一套堪測的法則。從台灣到香港、新加坡、上海、連南半球的南非亦可沿用，真是有趣。

第五篇

懂得趨吉避凶，逆勢中也能順流

細察森羅萬象，體認無常是常。世事變幻，際遇浮沉，且先納於心底。依照所知所學，善謀應對之方。皇極經世，命相風水，總要切實掌握。是則危患不欺，身家堪保。至於吉凶順逆，可比電光石火，眨眼即逝。

67 地鐵對上方建物的影響

山管人丁水管財，山指建物，水指道路。建物周遭道路愈通暢，居者財氣愈旺。例如死巷窄巷，常被視為財利較差的形局，原因在於路小，水氣不暢旺。

前曾談及高架道路的風水效應，有讀者來問，既然高架路也算財，那麼地下道或地下鐵路呢？大哉問。書云：山管人丁水管財，山指建物，水指道路。建物周遭道路愈通暢，居者財氣愈旺。例如死巷窄巷，常被視為財利較差的形局，原因在於路小，水氣不暢旺。

地下道或地下鐵路，如捷運很多都走地下，被穿越土地的上方建物，財氣又如何呢？一般而言，住在這些樓屋之內的人，多數沒感覺地底有車道。想當然耳，倘若車輛通行影響住家安寧，則捷運沿線根本沒人要住。怎可能人們聽到的是房價大漲。

風水分為外六事和內六事。內六事指宅內平面配置和擺設；外六事則泛指一切屋外的物事，包括電塔、煙囪、寺廟、高樓、墳墓、高架橋、地下道等等。通常會造成影響的，多半是和居住樓層高度相當的平面。譬如高架捷運約三層樓高度，縱使距離太近造成影響，也只有三樓，餘樓不相干。或是電線桿有四樓高，而你住在七樓，那當然毫不相干。

是故，地下車道對於周遭的房屋，在形局上並無妨礙。以台北車站地下街的分佈情形，地面上的行人車輛和住宅、店面、辦公室，絲毫沒有感覺其存在。試想，施工水平極差，會導致地面建物人車震動驚駭，目前看來是不可能的。因牽涉結構安全，官方豈可能放任不管？

而從風水上論之，道路存在必帶來人車流量，好像河溪或水管，通到哪裡，哪裡就有水。風水的道理認定與財氣有關，故而有地下街的地面店家住宅，人氣和財氣將會特別旺。另一類思考則是，若非重要地段，不會挖築地下車道相通，逆推而言，即此區段一定是繁榮的。

北市東區也有地下街，像捷運站和百貨公司都有地下通道連結。請問上方的賣場旺不旺？現況是很旺的。而附近住宅有人抗議晚上震動難入眠嗎？當然沒有。由此可見，現今建築技術進步的程度，已摒除許多風水上的疑慮。例如氣密式窗戶，阻絕外部人車噪音，即為其一。

許多無中生有的疑慮，皆來自非量的想像。一般大樓社區地下停車場，其出入口附近常滋生種種被嫌惡事項，十分冤枉。譬如，有認為車道出口上方那一戶住家，底下有車來去，感覺會漏財或不健康。唯事實上並沒有數據佐證，疑慮多半來自不安的聯想。

信義計畫區內的快速道路兩個出入孔，被很多人視為景觀和風水欠佳的案例。不知有沒有問卷調查，住宅正對出入孔道者，財利健康是否受影響？不只這個地方，包括大安公園、信義路三段地下停車場出入口，一樣被周遭居者嫌惡。其實住在十樓和一樓的出入口毫無干係，但就是「看了不爽」。而看了爽不爽，在風水吉凶方面，並無客觀的影響。

換言之，主觀的好惡效應影響對屋宅的取捨。所謂抗性，多來自此。西諺云：恐懼源自於無知。這裡的無知是指對於事理的不明白。畢竟，有誰具備那麼多歷練和識見？因此，只有聽聽專業方面的看法，讓自己在取捨物件時，能有較正確的判斷。

盧尚大師 貼心風水小提醒

- 捷運系統沿線將因交通方便帶來實益，唯高架部分在風水上仍有影響，幸而中運量電車規格較小，軌道建築不大，且班車往來不如高架橋的汽車鎮日無時或停，更重要的是沒有排氣污染，對兩旁居者無不利影響。
- 捷運系統算不算路？能不能帶來財利呢？一般認為，只有設站地點附近，才能享受「聚氣」的繁榮。從風水上來看，十字路或車站附近，類似水的聚窪處，魚特別多，財氣也旺。因此，投資店面，務須在捷運車站附近，比較穩當。

68

火土解厄運，且看年底

個人財運欠佳者，只要願意工作，仍能有收入。但財運欠佳，即不宜靠錢賺錢；換言之，只能靠勞務賺錢，其餘投資、投機、簽賭或股市搶進殺出，都不適合。

本文曾提及，陽曆九月七日（白露）後，乙酉月不利股市。果不其然，今年最低點在中秋前後出現。此外，中東伊拉克和美國又有一觸即發的態勢，與九年前（辛未）布希發動的「沙暴行動」十分近似。

不幸的事件重演，意味人們不懂或不願記取教訓。戰爭當然令人憂心，受苦的多是無辜的百姓，獲利的除了軍火商，還有政客。然而，政客「模糊」的政治利益，不見得管用；布希在次年的總統大選，終究慘敗在柯林頓手裡。

股市的低迷和殺盤，不一定能獲不沾股票的人的同情。不過，其他一千多萬不碰股票的人，在股市下挫時，也難逃被株連的命運。譬如說，高級餐廳、珠寶、高檔消費場所，甚至房地產等等行業，都有不利影響。

個人財運欠佳者，只要願意工作，仍能有收入。但財運欠佳，即不宜靠錢賺錢；換言之，只能靠勞務賺錢，其餘投資、投機、簽賭或股市搶進殺出，都不適合。

還有，住家或辦公室大門開在正東——流年七赤賊星到，或正北——流年五黃煞氣到，或正西——流年二黑土煞到，這三個卦位，財氣皆差。在內居住或辦公，千萬別弄金錢遊戲，否則，不啻「送肉飼虎」。

紫白九星的流年，九紫火星為今年的主星，加上元運（民國七十三年～一三三年）的主星為七赤火數，七九相遇，容易有祝融肆虐，亦常有戰爭發生（上期寫過）。以今年過去的九個月來看，確實火災特別多；全球有好些國家，包括美國在內，森林大火一發不可收拾，幾十萬公頃的林地，燒成一片焦土。

咱們島上則是放火客出沒頻繁，幾乎無日無之。為爭風吃醋，可以放火燒機車，一燒幾十台，被害人不知要向誰索賠？

還有更可怕的，是反社會的恐怖份子，沒有原因，到處縱火。工廠、學校、住宅區……，殺傷力驚人的火被當成為惡的工具，誰能安心過日？「七九穿途，定遭回祿之災」，這樣的讖語，令人畏懼。

建商一系列的「豪宅風潮」，似未炒熱市場。大坪數、高總價，怎見得就是豪宅？住了發，才算豪宅；發了住，只是大房子。至於風水吉旺的說法，多出於建商，而非風水先生，既無專業的肯定，只能算「廣告」，對購屋者而言，說服力不太夠。

任何一幢大樓，買下一整層打通，至少一百多坪，總價六七千萬以上，這算不算豪宅？國宅六戶打通，能否標榜吉旺厝宅？這是觀念問題，「豪」字不怎麼雅，真正有水準的大老闆不會喜歡的。

69 運逢歲破，防災病退財

大環境天候地形，即是大風水的基本條件。儘管宅內平面規劃配置極佳，倘若外面地形地勢不對，仍難安居。天地不仁，以萬物為芻狗。選擇環境吉凶如何，只能用心觀察判斷，自求多福。

颱風、地震司空見慣，對受災者而言，算是背運的事。然而，長年如此，讓自己的身家困在不利的大環境，卻是無可奈何之事。許多居住於淹水、坍方、土石流災區者，往往只能認命。誰不想搬遷到安全舒適或高級的住宅區？但基於種種因素，非不為，是不能也！

大環境天候地形，即是大風水的基本條件。儘管宅內平面規劃配置極佳，倘若外面地形地勢不對，仍難安居。天地不仁，以萬物為芻狗。選擇環境吉凶如何，只能用心觀察判斷，自求多福。天災地變並非「意外」，乃是自然的一環；想避開禍害，即不宜掉以輕心。

從命理來看，大運流年加月令，總有些避不開的，始料未及的遭遇。譬如，今年乙酉，沖命盤地支卯字。沖的效應，往往是衝擊，非預期的事件。除了搬家、出國、工作變換之外，災病退財機率甚高。不只有肖兔（卯年生）者，月日時是卯的人，也躲不掉。

譬如，在美國大聯盟擔任洋基隊先發投手的王建民，屢創佳績，表現優質。惟本命癸卯日主，水命以卯為貴人，今年卯酉相沖，從三A調至大聯盟之餘，仍難逃肩傷的突襲。擒伏張錫銘一役中，英勇受傷的唐嘉仁，本命日主亦為癸卯。

刑沖的運勢之中，應運而動是較適當的作法。搬家或換工作多半無法自主，何妨出國或增加常態性運動，把刑沖的動量化解掉。某民代助理，生肖屬兔，今年為了賄選官司，疲於奔命，心力交瘁。如此運勢碰到官司是非，往往不易擺平。

考試放榜，憂歡各半，真正稱心如意者並不多。接下來又有學費負擔，不少年輕人貸款求學，壓力甚大。因此，社會大眾痛苦指數偏高。有些人家財萬貫，偏偏重視升學考，患得患失；怕沒面子，也怕子女有挫折感。從旁觀之，無非命運使然。

也有人把小孩送出國唸書，避開國內升學考壓力。命盤有驛馬星者，較適合越洋求學。若八字合局多者，即很難適應離家的生涯，留學反而是弄巧成拙。某老闆將女兒送往倫敦寄宿學校，期望語言專業和教養都能變好。結果事與願違，女兒才回國即愛上低學歷的員工。

在風水吉氣的應用方面，四綠文昌星流年所飛臨的卦位，可以善加掌握。今年已過，明年文昌星在西北乾卦；如恰好是書房，對考運幫助不小。也可將書桌搬到西北方，效應差不多。競爭激烈的升學考，能多得幾分，即不枉費在風水下的功夫。

盧尚大師 貼心風水小提醒

✤ 住家門開生氣方或財位，有利招來橫財。倘若門開殺方或廁所佔財位（漏財），則不但已賺到手的保不住，甚至連本錢也可能一併咬走。

70

天象示警，災變何其多

現今建商多半相當留意風水問題，主要是擔心出現抗性，影響業績。這樣倒好，室內格局配置合理又不牴觸風水忌諱，如此對購屋者有利。

颶風地震海嘯瘟疫恐怖攻擊，這是天象示警？抑是耶和華震怒？為何此時此刻諸神或造化降禍蒼生？

人類無始以來自詡萬物之靈，但對天災地變束手無策，而往往只能強做解人，個別就種種現象胡亂詮釋。甲申乙酉干支互尅，二戰一甲子冤魂索命，總之，眾說紛紜，究竟誰說對了？

在亂世之中，人被運勢宰制的成份較大。太平盛世之際，再怎麼倒楣，不過就是臥病、坐牢或艱辛度日。惟現今的實例看來，被迫自行結束生命者極多。大部分還攜家帶眷，妻小一併了帳。可見黑暗時期，人人的運都得打折扣；好不到頭，壞則致命。

年初本欄曾提及，五黃煞氣飛西北。住家、辦公室、店面門開西北者，必得謹慎提防，避開「災病退財」惡運。三季以來，受害者甚多，且舉一例提供參考。

中山區長春路、復興北路附近，有一家廿四小時營業的西餐廳，經營十五年，突然貼出停業告示。該店坐東朝西，門開西北，原是文昌旺方，故多年以來，高朋滿座。可是店東去年遷入一戶坐北朝南開西北的房屋居住，坎宅西北方是煞位，今年家門店面都逢五黃煞，撐不住了！

七年半之前，五黃煞氣飛東北。當年央行總裁許遠東的住家在金華街，坐南朝北門開東北；辦公室在央行，央行坐西南朝東北，也是東北門。流年煞氣飛臨家門及辦公處大門，不幸墜機身亡，妻子和央行同仁亦罹難。由此可見，風水煞氣影響不容忽視。

台灣外貿是經濟強弱的指標，淡水河出海口，正是首都台北的財利。流年值五黃相攻，外貿自然不利，今年順差，縮水十分明顯。明年四綠文昌飛至，或許情況可以改觀，否極泰來。二〇〇六年丙戌，干支火土相生，希望有轉機，讓窮人鬆一口氣。

近時看了幾處預售工地，人潮和成交都還算好。現今建商多半相當留意風水問題，主要是擔心出現抗性，影響業績。這樣倒好，室內格局配置合理又不抵觸風水忌諱，如此對購屋者有利。早年有些建築師強調風格，爐廁廳房任意安排，買家住得辛苦又不平安，看來已有改善趨勢。

電視常見校園有關種種新聞，大紕漏則大肆報導，校長或行政人員可能職位不保。因此，有部分學校也央人看風水。大安區某國中，數十年來首次把大門開在大馬路上。原因是校內出了些事，期望改改風水得以轉運，或許連升學率也提高。該校坐東朝西，開西北文昌門，則和北一女中同樣，文氣昌顯，人才輩出。這種效應，大概一兩年就可看出來。

盧尚大師 貼心風水小提醒

✤五年一修．可興門庭。人的運有起伏，宅運亦然。凡住家四、五年後，最好能稍作整修，或粉刷，或補漏，總之，動之宅氣，是有利的。住家旺不旺，人氣加屋氣，人氣看八字行運，屋氣賴俟機而發。因此，擇定吉日，一新門庭，對家運確有助益。

71 嫌惡事項如何判定？

路沖較常見爭執，正沖還是斜沖，亦即算不算路沖，影響很大。書上說，直路沖門損少年，直路沖屋散金銀。意指沖門或沖屋效應不同。再者，直路來沖才算數，倘若路巷斜斜來沖，不一定成立。

近年來房地產交易規則修正甚多，物件一切都須透明，不允許矇騙或掩飾，影響買方權益。譬如漏水、壁癌，或有人亡故，或發生過命案等等。這些皆記載於買賣合約中，白紙黑字，不容抵賴。時代進步，減少交易糾紛，有其必要。

然而，有些相關事件，似是而非，認定不易。譬如，有人從十樓躍下，摔在一樓庭院而亡。到底哪戶算嫌惡之宅？十樓或一樓？

曾有一戶位於新莊的高層樓套房，租戶跳樓成為降價也沒人買的物件。當時尚未規定必須坦白以告，但附近居民皆聞風聲。某房仲業務員央求筆者堪宅，究竟風水如何，放著便宜貨不買，太可惜了，故想和屋主議價購買。迄今十多年，平安無事。倘若再易主，肯定沒人有感覺。

周遭有電塔、墓園、抽水站、納骨塔等物事，風水上似有瑕疵，常被買方大砍價。但建商推案亦有不怕墳地的，廣告照打，願者上門，反正訂價已比同段低一截。願打願挨，即無嫌惡與否之紛爭。抽水站往往是該區易淹水，本就列入買方評估之中，爭議不大。

路沖較常見爭執，正沖還是斜沖，亦即算不算路沖，影響很大。書上說，直路沖門損少年，直路沖屋散金銀，意指沖門或沖屋效應不同。再者，直路來沖才算數，倘若路巷斜斜來沖，不一定成立。也有是在社區中庭的小徑，不巧直通一樓某戶大門，有人說這也是巷沖。

此外，道路對街的兩棟大樓，中間相隔的搖擺線，或極窄的巷，隔街相對，亦被稱為「天斬煞」，或「對厝角」。實務上買家央風水師現場堪宅，即希望判斷是否有問題。如果可能出現不利影響，便捨棄不買。也有探詢是否能「化解」，則仍存在討論餘地。

高架道路如市民大道，建北、新生高架橋，或捷運淡水線、文湖線等，都是高架在地面上。究竟對兩旁建物風水是好是壞，誰說了算？不過，只要是被提出來討論，通常表示有抗性，即可能影響房價或難以售出。但也有認為高架橋旺財氣，而只有被橋身遮阻那一層，才影響氣場。

以信義計畫區的一〇一金融大樓為例，該建物乃具指標性之名廈。從風水上來看，四周其他建物都受鉅廈影響。吉凶的論斷，依相關位置的對待而定。如果某大樓坐北朝南，一〇一位於此樓之西北乾卦方位，則是煞方不利。另一幢樓坐西朝東，東南方見一〇一高聳，財方有物高起，係旺財之象。是故，同一件事物可能既是加分，又是減分，端視彼此相關方位而異。

嫌惡事項為一般世俗的概念，對房價有影響，但風水方面的吉凶效應不見得會出現。換言之，有時二者完全不搭，靈骨塔旁也有人發財，卻從未遇見鬼魅。高架橋周遭，旺相十足，如上海市區有多少高架橋，市況卻是大陸數一數二的繁榮。宅內有人燒炭自殺，超度得宜，時日過後，了無痕跡。類似實例，俯拾可見，不足為奇。

貼心風水小提醒

✤橋樑來沖，煞氣難擋。

✤橋樑對沖。搖鞭賦云：「門被橋樑沖，田園耗屋中。屋中橋對家漸衰。門外橋沖損人憂。長短木橋沖天門，敗絕招災多損壽。」一般情況下，屋宅正對橋樑，居者必遭不利。當今都市內，高架橋縱橫來去，行人陸橋處處可見，因此，被橋沖的情形也不算少。

✤高架陸橋又高又長，車行既多且急，因此對周遭的房屋頗有影響。家居高架橋畔，須承受噪音刺激之外，三、四樓部分的居住者，會感覺正面的橋像「一道彩虹」般的橫阻於前，在風水上，這就是煞。

✤有些人家，在門上按八卦鏡，也有人用盆栽去遮擋，更有掛上百葉窗，終年不拉開的。總之，高架橋帶來生活上的許多不便，說它「沒有煞」，恐怕許多人要反對。因此，購買房屋時，最好別貪圖價錢便宜或地點便利，而應以風水形勢上的平安為要。

72 災變效應強過風水形局

近年來無論大樓公寓透天厝，建築水平均大幅提升，除了門位及爐台衛浴配置之外，大體少有缺點。內六事影響的是健康與和諧、讀書科考等等，亦不容忽略。

正當疫情掃遍全球之時，許多知名商家百年老店，都不支而倒，或暫歇業，或永久熄燈。從風水角度觀之，那些旺了甚久的經營體和店頭，包括百貨餐飲，何以才數個月即撐不下去？一樣大道通衢，一樣龍長水闊，怎麼生意都消失或減到極少？

從昔日事例來看，風災水災或震災，短時即過，復甦是必有之商機。且這些災變多屬一時一地，從旁施救，猶有可為。而瘟疫之殺傷力，在於人們活動被限制，人群被個別困住。那麼商家店面風水再好再聚氣，也盼不到個人影，沒人氣何來財氣？因此，再旺的風水形局也不管用。

天時不如地利，地利不如人和。雷霆雨露，誰也躲不開；陽光普照，到處有光明。因此，人們困在家裡，不必怪自宅風水欠佳，沒財沒前途。然而，也有人網路外賣大賺錢，何以故？店面沒人光顧，網路電商忙翻。風水沒用，潮流趨勢為先。

早期房地產正向上衝時，售屋中心尚未搭好，買樓者在門口大傘底下排長龍，一天賣數十戶甚常見。這是天時好，和地利無關。有一回在高雄某區看工地風水，才七八天賣完近百戶透天厝，半個月後工地卻淹大水，買家想退也來不及了。由此可見，天時太重要了。

現今被近五個月的疫災影響，若家中收入減少，或人丁不寧，此與風水無涉，乃天時使然。一旦萬事復原，則士農工商，各安其位，而住家風水照九星輪飛運勢，升官科第，或桃花吉祥；當然，災病退財一樣很難避過。然而，倘若擇宅時審慎為之，或好運碰上好房子，即使長住久居，亦少病少惱。

颱風洪水土石流，多年來海島的自然災害不曾間斷，世間各地遭遇都差不多。像小林村，全都淹滅，個別宅的風水形局毫無作用。林肯大郡，基礎建於坡地，且逢厄難，平面格局開門方位，也派不上用場。凡是超過一定程度的強勢災變，誰也擋不住。

是故，危邦勿入，險地莫臨。即使為了賺錢做生意，也不值得冒險。譬如有人當記者赴戰地採訪，或涉險進入伊斯蘭國，把命都送掉。或採燕窩，懸崖峭壁，無一不是捨身之處。俗謂有錢可賺，無命可花，誠如是也。覓宅擇居，寧可花些錢，也不宜居山隈水涯的險處。

以紐約雙子星大樓的強固宏偉，亦敵不過恐怖攻擊，頹然消失。可見龍神強固，形局開闊，只在正常情況下擁有優勢。近年來無論大樓公寓透天厝，建築水平均大幅提升，除了門位及爐台衛浴配置之外，大體少有缺點。內六事影響的是健康與和諧、讀書科考等等，亦不容忽略。

都會區人口密集，商圈生活圈都完整。例如藥妝店診所大小賣場消防隊警所等等，幾乎近在呎尺。一旦有災變，建物能否承受是一回事，至少事後處理補救資源較充足，這亦是房地價高低差別之原因所在。郊野鄉村固然清幽怡人，但路途遙遠，事急時只能焦頭爛額，心憂如焚。因此，擇區段找地點，亦是風水要件。

73 鬼月也宜入宅？

入宅確須擇日。天地間有好氣時，乘著吉氣，將一家大小和家具等等悉數送進新居處，得到自然的祝福，不亦宜乎。

物價飛騰，除了賣場商品之外，房貸及房租也討不到便宜。新樓交屋或租約到期，非搬家不可，否則負擔加重，不巧碰到鬼月，搬或不搬，陷於兩難。究竟陰曆七月時節入宅開市，會有什麼效應？

先談何謂鬼月，與人有何干係？人死為鬼，此乃定論；為什麼定七月做人鬼交流之月，此事不必也不可考。一般人信了，主觀上即受牽制。天主教、回教徒不在意這些，便少了這類煩惱，縱使鬼月入宅，也不會心裡毛毛。

傳統的說法是，中元節普渡前後，鬼魂到處漂浮，倘搬家不慎，招引陰靈入宅，豈非自找麻煩！因此，不只搬家開市，連嫁娶開工等種種宜事，也都不宜做了。聖人說，眾好之，必察焉。結論是，吾從眾。

主觀上的效應是，鬼月喬遷入宅，無事便罷；一旦有些不順或災病退財等，肯定會歸咎於「怎會在鬼月搬家呢！」穿鑿附會，永遠比事實普遍。從來沒人統計過，鬼月搬家開工結婚，真正有多少際遇欠佳的事例。

回頭談一下，什麼叫做入宅。有些人搞不清楚，到底把家具搬入房子，算不算搬家？還是人住進去，睡過一夜之後，完成入宅？也有人把神明祖先牌位視為優先，得安定香火才算入宅。各地習俗不同，眾說紛紜。

實例看來，甫遷入新居，生活圈和小環境乃至屋內房廚廳廁均不熟悉，作息方面疏失或「突槌」機率甚高。而常見人們將此不順或失誤視為「不利」，轉而推給「風水欠佳」或搬家擇日不當等類似思維。

譬如，高雄市府才慶完功，挾著新科民選市長聲勢的陳菊，才入主辦公不久，便傳出中風住院，連身邊的秘書機要人員，也紛紛病災纏身。這和企業喬遷很像，新辦公室適應不良，推定入宅、開市擇期不對，影響業績或平安。

現代居家風水有關入宅的注意事項，略述如下：其一，房屋需裝修全部竣工，始宜遷入。若住進之後，發現這邊該打，那邊該敲，最好忍住，俟一個月左右，人宅之氣調和，再事敲地打牆。否則，很容易招來日後長期不安。

其二，入宅確須擇日。天地間有好氣時，乘著吉氣，將一家大小和家具等等悉數送進新居處，得到自然的祝福，不亦宜乎。陰曆七月黃曆上也有許多宜入宅的吉日，敢不敢用，就看當事人急不急，或主觀上忌不忌諱。

其三，普通家具任選時段搬進搬出，皆無忌諱，包括瓦斯爐、冰箱或電視等。只有神桌香火，必得等主人遷入居住，或和搬家同一天擇時安奉。神明祖先好比貴賓長輩，當然等主人安頓好了才能迎奉。有謂入宅香火為先，差矣！

其四，黃曆上「宜入宅」指住家搬遷，辦公室和店面須擇「宜開市」。一般建物施工稱「動土」，陰宅施工才稱「破土」。有些公共建物找首長主持「破土典禮」，是無知誤用。別以為日子吉凶不關緊要，且看重大災禍的日子，查黃曆往往「大凶」。

入宅雖是吉日，但該日「沖生肖」得留意，勿沖男女主人之生肖，否則反而不利。男女主人之外的老小，沖不沖較不打緊。綜前所述，倘若舊房東趕人，新居又已落成，挑個好日子，即使鬼月，也不怕它！

盧尚大師 貼心風水小提醒

✤ 陰曆七月，習稱鬼月。嫁娶、遷居、開市、安香等動作，減到最少。相關行業，進入淡季，房市亦然。其實，在房市「度小月」的時刻進場，議價空間較大，於買方反而有利。況且，不論購預售屋或中古屋，與鬼月毫不相干，是無需忌諱的。

✤ 住家喬遷或店面開市，因長久以來習俗如此，多半將鬼月列為禁忌，可見鬼月概念深植人心。但在實務上，甚少遇到觸犯忌諱而招咎的案例。不過，申月為驛馬星，動象頻見，旅遊反而是旺季。小朋友到高山、海邊玩的時候，要特別注意，避免「撞邪」。

74

治水成敗，攸關都市旺氣

從風水上來看，河流清澈暢通，有益於都市財氣。山管人丁水管財，不只房地產廣告大打水景牌，整個都會區是否有動能，市況旺相與否，都和溪流相關。

五黃煞氣飛臨正西，許多住家店頭辦公室，紛紛中箭，運背勢蹇。比較受人注意的，是民生東路巷內的趙建銘，住家坐東朝西，紛擾半年，如今仍官非糾纏，不得自在。未料在丙戌狗年最後一季，坐東朝西的台北市政府也捲入風暴，領導人馬市長正苦苦掙扎，求脫無門。

「東窗事發」一語，出自秦檜夫婦。好比猛爆性肝炎，看似突然發作，來勢兇猛，其實憂疾已久，只是潛隱未發。從世事來看，十年寒窗，一試登榜，自非僥倖；而積弊重重，一朝揭露，多半不誣。「若要人不知，除非己莫為。」此時聽來，尤教人心驚膽顫。

辰戌號稱天羅地網，飛禽怕天羅，走獸懼地網，而人則怕時背運乖，亢龍有悔。一九九二年美國大選，民主黨哈特參議員原來情勢看好，但緋聞照片見報，廢然退出，造就柯林頓八年霸業。宋省長興票案，也是打亂戰局，選情翻盤的實例之一。政客不論如何搞選票，總要掩飾好弱點，才不會為山九仞，功虧一簣。

中山區某酒店，位於地下一樓，頂來讓去，換了好幾回老闆，營運情況如出一轍。甫新開張，賓客如雲，繼而漸漸冷清，終於不得不頂讓出去。原因是，風水旺氣無法持久；因此，幾乎每任新老闆都央人看風水。不過，地下室進出口太窄小，所以「氣口不暢」，根本不聚財。

選戰打得有氣無力，候選人外務偏多，助選者自顧不暇，北高選情熱不起來。有人提及競選總部風水，郝龍斌大樓朝北，謝長廷大樓朝西，宋省長用大貨櫃；其實都和成敗無關。其一，候選人不在內；其二，投票人不在內。充其量，選舉雜務順不順當或人事得力與否，稍有關聯。

選戰談政見，多打治水牌。北高市區都有河流，但整治花費大，且不易收效，人人視為畏途。南韓首爾市也有運河整治問題，他們把漢江和運河都搞得清澈可玩，成為市區水景，首爾市長因而成了下屆總統熱門候選人，個人事功不言而喻。

從風水上來看，河流清澈暢通，有益於都市財氣。山管人丁水管財，不只房地產廣告大打水景牌，整個都會區是否有動能，市況旺相與否，都和溪流相關。以目前淡水河、基隆河、新店溪言之，都是不合格的。社會風氣污濁不清，與河流兩相對照，恰如其分。

時序將近大雪，狗年最後兩個月，庚子辛丑金水干支，稍解丙戌火土燥氣。房市在這個時段，尚有些好光景，要推案者遲不如早。明年丁亥下半年，立秋之後恐怕有逆翻的利空。

盧尚大師貼心風水小提醒

✤有山有水處，形勢更不可忽略。屋前有山，山勢不宜俯壓向我，否則不惟來氣受阻，且有土煞相攻之虞。周遭有水流經，水形宜環繞圍抱，忌正面彎曲反弓沖射。山水有情，居者平安財利；山水反背，災病是非不斷。是故，郊區坡地林地擇屋，「順眼」的感覺十分重要，「礙眼」時千萬不可勉強進住使用，免招休咎。

75 人氣不穩，地下街風波多

地下街旺氣不足，先例不少。廿餘年前高雄市首創地下街，沒多久即荒廢。台北捷運的地下街，部分冷清閒置，部分勉強撐持，鮮見有人賺錢。台南市地下街也搞了十年，只搞垮市長和官員。

最近台南市又爆發地下街工程弊案，除了一些知名人士之外，連市長也被牽涉在內。南部的朋友說，是否台南市政府風水有問題？從施市長、張市長，一直到現任許市長，都脫不了官司糾纏。當然，地下街人氣不聚也是一個問題，值得探討。筆者在十一年前，曾應邀到南市新市政中心看風水，彼時是承包裝修工程的天發營造公司請託。由於進度不順，花費又大，不知道是工務所不對，還是那片基址有問題。事隔多年，記憶中好似市政大樓主體坐卦不正，所謂「出卦」，陰陽不交，雜亂禍侵。

更早之前，台南市長寶座換人甚勤；有位葉廷珪市長，擔任第一、三、五屆，直到蘇南成才連任成功。而遷入重劃區的新市政中心之後，風波不斷，影響市政建設。前任張市長在績效排行榜上，屬於末段班，後因案下台且被判刑。現任許市長力爭上游，如今卻也碰到麻煩。

風水形局欠佳，確有不利影響。多年前，筆者曾赴雲林台西鄉所看風水，他們的疑問在於，何以歷任鄉長，常會因案繫獄，情形和南市相似。而且，幹過鄉公所秘書者，選不上鄉長。不論是巧合或特定因素，台西民風強悍，或許可以歸結在內。

國民黨中央黨部遷址，由中山南路上的巨型建物，搬到八德路二段。正面值龍江路來沖，形勢有缺陷，兩年前的連宋配大選落敗，競選總部即設於此。如今馬主席坐鎮沒多久，民調直直落，聲勢不若以往。電視還特別報導，主席辦公桌曾調整過，但背面靠窗似非得宜。馬英九回答記者說，自己不太相信風水，並表示移動辦公桌，不是他的意思。

地下街旺氣不足，先例不少。廿餘年前高雄市首創地下街，沒多久即荒廢。台北捷運的地下街，部分冷清閒置，部分勉強撐持，鮮見有人賺錢。台南市地下街也搞了十年，只搞垮市長和官員。台北龍山寺地下街，依然沒有起色，商家認賠退場，附近居民痛罵。

一般公司行號或商店，設在地下室者，風水往往有疑慮。酒店或卡拉OK，經營者替換率特別高，或許與此有關。從現實面來看，消防更是重大問題。人和氣的進出有阻滯時，財氣及安全都有風險。

近些時房市持續大漲，豪宅身價愈炒愈高，多數建商規劃高價住宅時，平面配置確實比較用心，因擔心有風水抗性，賣不出去就慘了。這陣看了好幾處工地，感覺建築師觀念似有進步。

76 電磁波和光害的影響

一般而言，屋宅的聲光氣三者，最好由自家調整，而不宜任由外部的元素入侵。譬如，路旁的街燈在夜間十分刺目，從陽台、窗戶照進來。此時，務必用窗簾布幔遮擋；噪音較難阻絕，除非用氣密式窗台，否則居者不安。

電視新聞報導，內湖某處熱鬧街道，路旁房價兩側相差四、五萬元每坪。例如該條街上單號屋宅單價每坪四十五萬元，雙號房子則可賣到五十萬元。原因何在？當地居民表示，因沿街電線桿密度甚高，而統統偏在單號這一側，從而影響房價的差異。

換言之，購屋的嫌惡事件，愈大的電桿，乃至有變電器者，相近的房屋往往成交困難；即使降價，也得磨很久才勉強售出。人們為何畏懼電桿，不都是電磁波會妨害健康嘛？當年汐止許多山坡地開發社區，特點之一即是電桿特別多。且來談談，堪宅實務案例，電磁波影響風水若何？

從前的伯×山莊，除了高壓電塔，也沒有什麼缺點。購買的物件，儘可能遠離電塔或大電桿，就能安心居住。一位房仲業知名的售屋高手，曾居於該山莊某別墅內。住屋側面緊鄰一座高壓電塔，用水泥灌漿，看起來形體龐大。據說每晚頭朝電塔方睡覺時，幾乎都會頭疼。

後來毅然決然遷到木柵某社區，頭痛問題頓時消失。唯有些捨不得電塔旁的舊家，因為那段期間財運很好，業主認係風水旺財，只可惜不利健康。類似案例不少，像土城金城路三段有變電所，佔地甚大，頗有影響，附近居民有辦法搬的，沒人肯留在原處。

北市大安區房價這麼高的地段，仍有趕不走的變電所。位於復興南路、忠孝東路交會不遠處的變電所，鄰近巷弄房價當然受壓抑，而居者健康如何，似乏明確實資訊。現今行動電話發射基地，到處遭排斥抗議，顯示住戶防微杜漸心理愈趨普遍，台電公司和通訊業者應積極面對，並有效解決問題。

除了電磁波之外，光害也不利居家風水。一般而言，屋宅的聲光氣三者，最好由自家調整，而不宜任由外部的元素入侵。譬如，路旁的街燈在夜間十分刺目，從陽台、窗戶照進來。此時，務必用窗簾布幔遮擋；噪音較難阻絕，除非用氣密式窗台，否則居者不安。

臭氣教人受不了，卻無法報警取締。例如臭豆腐工廠或店家，還不到處罰的程度，又能奈何？曾見過一家在「發魷魚」的家庭式工廠，把左鄰右舍薰得半死，同時也影響風水運勢。所謂的「氣」，悉遭破壞無遺。倘若是辦公室，試問留得住員工嗎？

市區有些位於巷弄內的神壇或教會聚會所，門上往往掛上神像或發紅光的十字架，正對門的住家或店面相當困擾，他們覺得風水受影響。現在的 LED 燈管，亮度更刺眼，社區公園裝了許多燈，悠閒輕鬆的氣息完全喪失，由此可見光害對人們生活是不好的。至於影響的是哪個層面，健康自然較值得考量。

近些年建物品質提升許多，包括結構和外觀。結構強固對風水氣勢極有助益，所謂「龍神強固，不畏八煞」，擋掉外部種種不利物事。因此，高大堅實的建物，也不易被電磁波和光害所影響。其他包括地下停車場出口，對居者視覺有妨害，實際並無吉凶效應。再者，一樓挑空，亦不致影響二樓居家安全和風水氣場，都是多餘的顧慮。

第六篇

看國運官場風生水起與運勢

真正影響國運興衰與官場成就的，除了命造格局高下，以及行運旺衰順逆之外，尚可利用陽宅風水之配置，來助旺居者之運勢。天時難測，人運無憑；唯風水地利具客觀性與可變性，也就是說，地利是可以確切掌握或改變的。

77

樓高官位高，此說何來？

風水「命定論」犯了一個錯誤，即忘了把個人的命格運勢列入參酌。而真正影響名位方面成就的，其實正是命造格局高下，和行運的旺衰順逆。換言之，陽宅風水優劣，只能助旺或拂逆居者的運勢，無法改變此人命格成就的高低。

總統就職迄今，各部院人事搬風，陞官圖轉個不停。科舉出身，素以做官為職志的邱創煥，自考試院長的座椅上被拉下之後，不斷發表他的「風水觀」。諸如「樓層愈高，官位升得愈高」，以及當年在中興新村改風水，旺氣被接任的連戰乘得，故而仕版連登，官至副元首……云云。

在這些人的心目中，官位愈高愈了不起，改風水是為了能納旺氣升官。殊不知所謂的官即是公僕，衙門風水好，理應庇蔭政通人和，治績卓越；而非地利吉氣祇歸一人所享，耀一姓之宗族。

風水「命定論」犯了一個錯誤，即忘了把個人的命格運勢列入參酌。而真正影響名位方面成就的，其實正是命造格局高下，和行運的旺衰順逆。換言之，陽宅風水優劣，只能助旺或拂逆居者的運勢，無法改變此人命格成就的高低。例如尋常人住蔡萬霖的房子，他能發那麼大的財嗎？住李登輝的房子，就能當上總統嗎？

從動態方面來看，今年丙子鼠年，太歲在子；凡生肖為馬（午年生），或午月（五）、或午日、或午時生的人，地支均逢沖。沖者動也，包括搬家、出國、調職等。讀者可以身邊的親友為對象，驗證這種「運勢改變」的實例。

如前證管會主委陳樹，四三年次甲午生（肖馬者），流年沖太歲，應在遷官。當事人懵然不覺中，突然被拉下馬來。不過，他若事前去算命，相者必會指出今年運勢的變動。由此可見，影響人的行止，八字行運宰制力甚強。此外，關中卅一年次生，亦是肖馬，他也動了。

不同的是，關中由部長向上躍了一級，成為副院長；吳伯雄是廿八年五月初三出生，月令為午，子午相沖，由那廂秘書長調任這廂秘書長，還動得曲折離奇。

這三人這陣子都調動，但有升、有貶、有平調，端視流年官運吉凶而定。至於辦公室風水對他們的影響如何？則屬於另一層次的問題。一般而言，人的運正背時，神仙都幫不了；而官運亨通如連戰者，可真是城牆也擋不住！

辦公室所影響的，往往不祇是一個人，或某人的官運而已；例如民進黨中央黨部鬧窮，前些日也央地理師去看風水。民進黨的辦公室真的是流年欠佳，因七赤賊星飛臨大門，對財運十分不利。只有等待明年二月四日立春，六白財星到，方才有可能改善。

桃園有一家工程公司，徐姓老闆年初甫獲傑出企業家獎，日前卻積欠逾億債務，避不見面。據悉是景氣欠佳，許多工程款延誤入帳所致。天時（社會因素）不佳，而自己從事的行業若與景氣息息相關，則難免受到牽累。尤其辦公室門開西北、東北者，更得當心。

78 左右護龍，不敵內憂外患

「風水輪流轉」有個循環的規則，例如太陽東升西落，年年四季交替。於是，有三元九運，每元六十年，恰好一甲子，三元一八〇年。九運則每運管廿年，亦是一八〇年。

總統選戰鳴鑼開打已久，各方人馬陣腳虛實微現。電視、報紙，成天就是選情八卦，無聊透頂。更有許多命相風水的相關論敘，謂某人祖墳吉旺，足資庇蔭；或某人命盤運勢特強，一定會上……。

國民黨的中央黨部，位於仁愛路、中山南路、信義路的交會點，正前西方及南北兩側皆為通衢大道，形局甚佳。比起改建之前矮小樓房，不可同日而語。尤其左右側建起護龍，擋住台大醫院高樓和國家兩廳院的飛簷鉤角，常被視為「風水大手筆」，傳誦一時。

去年自遷入新樓，首都市長及立委的選舉，大獲全勝。不過，今年以來種種事件發生，顯然該黨部的氣運並不見佳。包括財運、人事，紛爭不斷，內憂外患踵至，幾乎沒有寧日。看來，擋這擋那，並無啥用。

一般認為，「風水輪流轉」有個循環的規則，例如太陽東升西落，年年四季交替。於是，有三元九運，每元六十年，恰好一甲子，三元一八〇年。九運則每運管廿年，亦是一八〇年。這個元運的說法，不論正確與否，很少人會去檢驗或反駁。至少，各式各類的循環法則，長期觀察之餘，才可能得到較接近的結論。

九星的循環，則是九年一輪，眨眼即至。吉凶效應，如影隨形，實例驗證，多不勝數。

某證券公司老闆，十分相信風水，常常央請各路高手，到辦公室鑑測。這廂掛風鈴，那邊懸明鏡、盆栽、魚缸、水晶、字畫等吉祥物，擠滿辦公室。

然而，建物外六事形局，內部門路配置都沒有改變，則九星輪飛照樣發凶應吉。

十年之間，遭遇兩次重大危機，官司臨身，財氣大破，且牽連甚廣。

在房地產銷售實務上，紫白九星的應用，尤易察覺其循環效應。例如，在去年，東北門不利，西南、正南、西北因八白、六白、三碧財星飛至，開門見財。此於接待中心的門路規劃及廁所、銷控之方位配置，有極靈驗之實例。

至於今年，正南門不利。正西、正東、正北為財星飛臨之方位，用之吉旺。東區有兩處高檔價位的工地，按此要領開門，幾十億的豪宅悉數售出。另一處本開東北門，但在正南開後門，且直通前方，成「穿心」格局，故銷售業績平平，衝不上去。

九二八檔期，房市推案量不大，從市場來看，不致於太擁擠。從流年運勢觀之，下半年卯木，本即不利房地產，大家保守一點也好。上半年賺到錢的，可要好好守住，才有錢過年。

盧尚大師貼心風水小提醒

✤「路沖」是外六事當中，最難趨避的不利形勢之一。

✤書云：「直路沖門損少年，直路沖屋散金銀。」正面來氣強，足以沖散當道之物事。若是存貨倉庫，亦因即補即散，而形成出貨頻仍的狀況。對於純銷售業而言，反而是商品暢銷的吉象。

✤不過，貨物雖不怕沖，在裡頭上班的人可不一定受得了。長遠打算，或許還是換個平安的辦公處所。

79 大溪山莊，風水形局佳

宇宙萬事萬物的成住壞空、生住異滅，都是循環不息。能掌握機運的變動軌跡，抓住好運點，常見是成功的要素。命理風水也係在這個範疇內推論預測。就像氣象預報，何時有陽光，可以晒棉被；或何時有風暴，快閃到一旁。趨吉避凶，此之謂也。

有一位從事保險業的女子，五十四年次，生肖屬蛇。去年乙亥豬年，沖犯太歲。乙亥皆為驛馬星，一沖之下，動盪不安。先是被新壽險公司挖角，條件尚佳。但兩個月之後，水土不服，仍然喫回頭草。返原服務單位後，業績一落千丈，岌岌可危。

交入鼠年丙子，丙為財星，立即出現轉機。三月份談成一件大案，保費超過兩百萬元。除了豐厚的佣金之外，因業績合乎標準，隨即晉升經理。短短的時間內，發小財，升職位，得來全不費功夫，令當事人十分興奮，而這一切，去年底已被先行料中，並予告知，只不過當時她不敢相信。

她的住家為坐東北朝西南，門開正西。去年小限值七赤賊星臨門，諸事不順，財利尤差，有關正西開門豬年不利，八四年本文已一再提及，此不過為其中一例。

而今年六白到門，運勢丕變，否極泰來。且辦公室坐在西南，流年一白官星到卦，應運升官，教她不得不信！

宇宙萬事萬物的成住壞空、生住異滅，都是循環不息。能掌握機運的變動軌跡，抓住好運點，常是成功的要素。命理風水也係在這個範疇內推論預測，就像氣象預報，何時有陽光，可以晒棉被；或何時有風暴，快閃到一旁。趨吉避凶，此之謂也。

大溪山莊因住戶中高官鉅富特別多，而名聞遐邇。日前應某友人之邀，前往代堪其宅。雅名為山莊，而基地實甚平整，起伏不大。建物以東北、西南坐向居多。

區內最大最醒目的一戶，乃富邦集團首腦蔡老闆所有。據說該宅位於山莊入口第一幢，頗有龍頭架勢，風水最旺。

至於李總統、連院長、吳伯雄等人的房子，談不上豪奢巨宅，看起來只有鄉間別墅的味道，與外界的種種傳聞印象，似不相符。整體而言，全區的形局開展，視野亦佳，加上大溪的山青水淨，可說是養老居家的珍品。區內的小戶，房價兩千多萬，還不算頂貴。

桃園市火車站附近某辦公大樓，其中一個單位坐南朝北門開西北，乃是煞方開門。兩年多以來換了好幾任，都是賠錢敗走。今年流年五黃飛西北，情況更慘。甫於去年十一月遷入的電玩業者，辦公室甚至遭檢警強制進入搜索，負責人逃逸躲避，事後當然退租。房東訴說門位欠佳，遂決定將門改至正北，以免再害苦下一任租客。另一個西北門的案例是華僑銀行，去年已出大紕漏，換掉了董事長、總經理。今年又演出續集，據說考慮更改銀行的名字，等於換招牌。奉勸開西北門的宅主，最好小心謹慎，步步為營，以保平安。

盧尚大師貼心風水小提醒

✤運轉則心動，心動則有種種變異之事。隨運浮沉，調適心態，休咎必少。逆勢操作，執著己見，挫折必多。所謂達人知命，乃是此理。

✤若遇天時景氣欠佳，則要靠地利來助，風水格局多留意，運勢自然不會差。

80 時來運轉，大亨脫困有道

相宅看命，卜問前程，重點在於善用吉順運勢，把握機會，積極進取。或明知運勢欠佳，懂得步步為營，保泰守平，不傷元氣。如此，才符趨吉避凶之道，在波濤起伏的人生中，得使風險降到最低。

從人類歷史來看，除了天災、地變、饑饉之外，和戰及治亂，亦莫不是循環出現。長期觀察的結果，會覺得事事都屬必然，即使導火線似只為偶然；而用更宏廣的角度去觀照，則一切的一切，都是宇宙的生態。

所謂「跳出三界外，不在五行中」，乃仙佛的境界，人是可望不可及的。因此，對於天道或人事的循環演變，只能盡力去因應。否則境遇的順逆，禍福的無常，往往教人極難調適，從而時時感受到苦。

風水輪流轉，運勢浮沉多。宅運人運的轉折，忽喜忽悲的案例甚多。嘉義某組頭屋宅坐北朝南，門開正西。去年七赤賊星臨門，且與原來的三碧星相逢，形成「三七疊臨，劫盜更主官災。」故而屢被簽中大牌，輸了好幾千萬。

孰知二月四日立春後，鼠年風水丕變，七赤去六白來。六白為財星，連續大贏，不到兩個月，已把去年輸的全贏回來。當事人以為是風水先生夠力，指導有方；其實人運及宅運的變化，才是吉凶禍福的關鍵。

也有健康問題隨運勢的變化而起轉折者，常見重病之人為「過不過得了節氣」而憂愁。一友人去年肝疾開刀，十多公分的腫瘤，竟然順利過關。由於豬年對他是「貴人運」，故有驚無險，過了七、八個月的太平日子，但一交鼠年立春，大門在正東，值病符二黑土星到方；且個人的運勢也由「貴人」轉變為「劫財」。於是一個月內連開兩刀，終於還是死在癌症病房內。

前兩年甲戌、乙亥木運當中，諸事不順者，今年丙子火運，可能否極泰來。例如某大建設證券公司的老板，本命屬木，八十三、八十四年運逢「劫財」，十分困窘；加以建設部門辦公室門開正西，流年不利，差點熬不過去。但立春後，子為「貴人」，財星又飛正西，賣掉了一幢數十億元的大樓，資金壓力頓時減輕。更重要的是，一件大規模的投資案，遷延多年，如今也輕騎過關，可說是光明在望。

相宅看命，卜問前程，重點在於善用吉順運勢，把握機會，積極進取。或明知運勢欠佳，懂得步步為營，保泰守平，不傷元氣。如此，才符趨吉避凶之道，在波濤起伏的人生中，得使風險降到最低。許多成功者，往往都是這方面的高手。

今年五黃煞氣在西北乾方，來自西北的壓力恐怕很難消除，尤其到陽曆六月，干支甲午，年月子午相沖，雙五黃在西北，煞氣更重。就個人而言，重大投資或投機均不適宜。辦公室或住家大門開西北者，更應當心。

81 宦海浮沉，端看財運旺衰

在命理上，財為養命之源。財為妻，財為物質生活，財為事業，財為升官之道。就女命而言，官星是夫，財能生官，故有財亦能得夫。

在傳統的八字命理，有「財旺生官」的說法。譬如某命造屬水，以火為財，以土為官，五行火生土，故財能生官。對照現實生活，亦甚貼切。古代有「捐官」的制度，花錢買個官銜，遇缺即可補上。今人有錢可參選，當了民代，有可能步上仕途，包括縣市長乃至中央官吏。

水能載舟，亦能覆舟，老生長談，卻是至理。那些靠著金錢財富堆砌起來的政商關係，最終還是因著錢財縮水，乃至崩坍，所謂「錢在人情在」是也。

且看看南台灣的王氏家族，老先生曾任市長，兄弟分據報紙、大企業等重要位置。全盛時期兩個兒子都當選立委，一門兩立委，多麼風光！風水輪流轉，人運任浮沉。如今王家財力衰竭，銀行沒了，官位沒了，立委沒了，徒招官司纏身，欲振乏力。思前想後真是不甘，卻能奈何？

財運逆轉，官位難保。和王家同時在高市鼎足三分天下的朱吳夫妻檔，聲勢一度高漲，直逼市長寶座。彼時夫監委、妻立委，旗下企業陣容壯盛，可謂政商通喫。孰料時至今日，兩席中央民代只餘一席地方議員，更糟的是事業不賺錢，搞到被傳訊、收押，境遇已落谷底。

由是可見，財即勢也，財去即失勢，古今中外皆然。高市另一陳家，保守戒慎，財富未失，全身而退，恬度悠遊歲月。其關鍵在於財未失，勢未退，雖不在其位，猶保有德望，堪稱難得。

在命理上，財為養命之源。財為妻，財為物質生活，財為事業，財為升官之道。就女命而言，官星是夫，財能生官，故有財亦能得夫。富家千金其貌不揚，照樣有人追逐不捨，財之為用也。

住家或辦公室店面風水，都和財氣相關。第四台買時段的陽宅風水節目主持人，開口閉口都是「補財庫」、「補財位」之類的怪話。不過，值此景氣低迷，人人財富縮水的時節，相信自己需要補財庫的人，自然不少。賣吉祥物、風水魚缸、招財水晶者，發點小財，大概沒啥問題。

浪漫的說法—「問世間情是何物，直教人生死相許」，比起來，「錢」教人生死相許的程度，更要普及多了。古今中外多少事，無關風月只關錢。

時序交過大雪，冬至已近。庚辰孽龍騰亂象，最後一個多月，大家再熬一熬，期望明年辛巳，能有好的轉機。蛇年為四大驛馬星之一，人們的遷流變動較大。心理和現實上，都宜有相當的準備，才不致對突發的境遇感到困擾或衝擊。

82

首都擇址得看王氣夠不夠

山強者，水洩之；山弱者，水輔之。風水形勢往往決定一處大區域的榮枯，現代都市建設也一樣，得考量腹地、交通，及相對位置。

前些日子有人提議遷都，此言一出，議論四起，高雄市當仁不讓，希望升一級為老大。行政中樞一旦南移，各種光環自然如影隨形，經濟建設不復重北輕南，高雄市民或可不必再買山泉水度日。

台中市長也說話了，他認為該市位置適中，南北等距，又有港口，奠都於斯，相當合宜。

台北市民對此似乎沒有感覺，但突然有人發現，教科書上的首都竟還在南京，這時行政院長才開口，該改的不是小學課文，而是憲法。本文談的則是風水，究竟依風水形勢觀之，南京、北京、北市、中市、高雄，何者最適合定都。

先談談南京，此地成為六朝帝都，龍蟠虎踞，宮闕儼然。筆者去歲往訪，夜宿紫金山麓，中山陵之側，古城氣勢，畢竟不凡。然而，身為帝都，卻多歷刀兵水火，先後更名為金陵、建業、健康，迭遭強兵攻破，進而屠城。

唐代詩人劉禹錫西塞山懷古詩，「王濬樓船下益州，金陵王氣黯然收。千尋鐵鎖沉江底，一片降幡出石頭。」

一八〇〇年前，晉武帝伐吳，王濬造樓船，順長江而下，燒斷吳軍橫江鐵鏈，長驅直入，吳滅，三國時代告終。

太平天國洪秀全也曾攻破金陵，插天王旗，不久為曾國藩之弟曾國荃克復，一破一復，血流成河。待民國抗日戰爭，日軍進境南京大屠殺，血染秦淮河，屍遍鍾山下，金陵古都，如此境遇，風水使然？亦或歷史偶然？

帝國首都要有王氣，立國千年以上者，甚少把都城遷來遷去，除非政治軍事情勢所迫。都市城市久歷人文薰陶，悉心建設，自現繁華景象，承平時期以為榮景赫赫，長盈久泰，對於版圖如此大的中國，南京的王氣是不夠的，國民政府定都於此，亦非得已，因軍事力量未達華北之故。從孫先生到蔣先生，穩坐南京號令天下的為時甚短，不是能力不足，風水形勢使然。

明太祖元朱元璋傾力興築南京城，以鞏固朱家天下，自詡城牆之固，燕子也飛不進來。未料死後不久，其孫子惠帝即被封於北京的燕王攻破城池，讓出皇位。這飛越南京銅牆鐵壁的燕子，即位後年號永樂（明成祖），遷都北京。

山強者，水洩之；山弱者，水輔之。風水形式往往決定一處大區域的榮枯，現代都市建設也一樣，得考量腹地、交通，及相對位置，譬如，蘇州、上海、基隆、花蓮等，那從來不曾被列入定都的名單之中，因為氣勢不足或不像！

南京烏衣巷秦淮河都因入詩而知名，也是劉禹錫的詩「朱雀橋邊野草花，烏衣巷口夕陽斜。舊時王謝堂前燕，飛入尋常百姓家。」現在看來，烏衣巷就相當於台北市的幾處名人巷，住者是卸任閣揆、部長，或是有頭有臉的人。

83 衙門風水，常成話題

大衙門如府院部會建築物，多半高大宏偉，即使外部形勢略有瑕疵，影響亦不甚大。倘若自家建物單薄，內部格局也不方正平整，則極易承受不利的風水效應。

今年中國春節，英國首相布萊爾特別在網路上，向全球華人拜年致賀。此人儀表堂堂，能力卓越，對東方文化有相當興趣與認識，也相信華人的風水論說。原本，歷任首相皆居於「唐寧街十號」官邸，只有布萊爾當年就任時，聽從風水師建議，住進隔壁的府邸。

當官者除了自身條件之外，往往也仰賴機運。新任行政院長謝長廷，在被問及二〇〇八年，有無盤算問鼎總統寶座時，他回答：「不知無常先到，還是二〇〇八先到。」此言不僅真切，且蘊涵生死思維。人生所見，不只官運如此，其餘得失禍福，富貴窮通亦然。

譬如，鄧小平若在文革時期即被鬥垮身死，怎可能出現十餘年改革開放，經濟起飛？孫文如果活了八十歲，多出來的廿年，中國近代史可能會改寫。很多臨老破產的過氣大亨，早點死似乎好些。汪精衛早死一步，免去被活捉當漢奸槍斃，也算福氣。「周公恐懼流言日，王莽謙恭下士時。倘若當時身便死，一生真偽有誰知。」不論經營者掏空企業，或政治人臨老變節，多半叫人嘆息扼腕。究竟本性如此，抑際遇使然，從人性或命理角度觀察，結論迴然有別。

鐵娘子提拔梅傑為接班人，繼任首相。後來卻火力全開，抨擊梅傑的施政立場和能力。這牽涉人格及種種因素，似乎和官邸風水沒啥關係。不過梅傑下台的「身影」欠佳，讓布萊爾有戒心，不再住同一幢屋宅。如同咱們立委對辦公室風水挑四揀三，也是為了官運。

台北市府前的石獅，和市議會正面逢路沖，日前又成為媒體的話題。有人謂石獅

「可避邪」，或「有法力」，說法都很籠統。光天化日大馬路旁，有什麼邪要避？石獅為石匠所造，何來法力？至於路沖，是常見的風水形局，卻有不少驗證的案例。

大約在七年前，筆者應邀赴台北市議會看風水。原因是門前道路被市府改為路沖之後，議員災病事例迭見，連當時的議長也失足跌斷腳踝。堪測的結論是，形勢比人強，路沖形局改不了，只能在大門口用花圃矮樹擋一擋。由於土薄種不活矮樹，空門大露，後來發生某議員被槍殺事件，人們遂更擔心此一不利形勢。

大衙門如府院部會建築物，多半高大宏偉，即使外部形勢略有瑕疵，影響亦不甚大。倘若自家建物單薄，內部格局也不方正平整，則極易承受不利的風水效應。所謂不利，通常指「災病退財」；當然，更倒楣的情況也有可能出現。

84

選戰勝負，風水效應若何？

老子曰「天地不仁，以萬物為芻狗。」人類自有文明以來，經歷多少天災地變、刀兵水火，日子照樣過，四季依然輪轉，人人只希望自己境況變好。

縣市長選舉過後，一些由立委轉戰獲勝者，即將離開立院改任百里侯。同儕們羨慕之餘，有不少人表示，或許當選者的辦公室風水運勢特佳，才能一戰成功。因此，打算洽商搬過去，沾沾旺氣。

反過來，連任失利的縣市長辦公室，沒人敢接手使用。有些新任者大肆動工改造，有些則乾脆換個樓層，以免自己觸霉頭。只有少數人不在乎這檔子事，大跨步直接走進落敗者的辦公室，自信十足的坐上金交椅。

宜蘭號稱民主聖地，如今卻成風水敗地。議會旁側的大風帆，被指設計不當，妨害議員的吉運。據報導，有四位現任議員，都遭逢喪子之慟。於是，還得花公帑兩千萬元，既改門又拆帆。

類似案例，不勝枚舉。早年國營事業如中船、台金等公司，營運不善時多次央人改風水，結果該倒閉還是倒閉，沒有一個被救活。因改風水只是其中一環，公司結構和經營環境影響更大。

同樣的情況，北縣長候選人落敗的一方，競選總部大門在西北方，流年有五黃煞氣飛臨，或許只是輸得更多的原因之一。即使換個好方位，也贏不了。畢竟，在民意的洪流中，風水效應極其有限。

台北市議會在陳水扁任市長的期間，正門被開出一條直沖的大道，躲不掉也擋不住。筆者去看了兩回，也幫不上忙。大路正沖的效應是，議會績效和聲勢較弱，議員的處境和出路也較差。七八年來的觀察，似真如此。

國民黨打算搬家，由仁愛路、中山南路口，遷至八德路二段。當年國民黨連夜拆平舊房舍，蓋起了高大堂皇的建物，還聽從風水師指點，兩側有護牆扶手。造型不只荒謬，居心尤其可笑，結果總統大選連敗兩次，拱手讓出總統府。

八德路新址道路不大，形局亦不宏偉，像極了一家稍具規模的航運公司。做一個想奪回執政權的政團，氣勢是不足的。不過，仰仗群體努力的比例加重，可能是件好事。掌握天時人和，不一定要靠地利風水。

時序交過冬至，今年雞年僅餘一個多月。紛擾竟年，災禍遍處，明年能改善嗎？老子曰「天地不仁，以萬物為芻狗。」人類自有文明以來，經歷多少天災地變、刀兵水火，日子照樣過，四季依然輪轉，人人只希望自己境況變好。

趨吉避凶之道，風水及流年五行方位旺衰，日後再詳談。丙戌狗年五黃煞氣到正西，提醒住家店面辦公室大門開正西者，宜早綢繆。無法避開的，只有在門附近置大水缸，稍事化解，否則煞氣相攻，麻煩特多。

第七篇

地域風水解析

中國人傳統的說法，成功的要件，貴能掌握天時、地利與人和。以現代眼光來看，天時者，景氣也。景氣繁榮，百業俱興，乘時而起，必有斬獲。人和者，個人努力與機運相加，包括人際關係的捭闔。這方面若佔優勢，幾乎是成功了一半。地利者，係對於空間的最佳運用，也就是一般俗稱的陽宅風水，在奮鬥過程中，往往是臨門一腳的重要關鍵。

85

鶯歌形局隨元運趨旺相

有不少建商在工業地上造屋出售，即人稱之「工業住家」，中和區內也很常見。有人質疑這種房子住起來會旺嗎？實務上看來，只是法律上水電費稅捐不同而已，其形勢格局旺衰，和一般公寓大樓根本沒有差別，風水吉凶一體適用。

位於新北市邊陲，接壤桃園轄區，較特別的是，縱貫鐵路在這座小城市內繞了一個大弧形，也因此阻斷市區發展的連貫性，長期妨礙了鶯歌的繁榮。然而，在未來捷運交通規劃中，此處是有設站的。從過去十多年的經驗可知，捷運站周遭五百公尺都旺，是故鶯歌的展望十分樂觀。

自風水角度觀之，原有道路彎曲者多，有些被鐵道切斷，水氣不相連，建物龍勢亦不夠長。龍不長，水不闊，區段如何旺得起來？鶯歌長年以來，處於這樣的道路形局，除了少數區段具備「點」的旺勢，想發展成「面」的榮景，相當困難。

本區只有一條大漢溪的分流水，自東側行過，故論水氣平平而已。三峽有三峽溪及諸多山巒高地，山水分明，形勢起伏，故能吸引不少資產人士前來，擇定風水俱佳的坡地，建造大宅或渡假或養老之用。由此可見，三峽在人們心目中，風水算是旺相宜人的。

鶯歌的情況在近些年略見改善，陶瓷產業的發達，帶來區域經營的特點，遂逐漸成為觀光的焦點之一。風水旺相的論斷，天時地利人和；除了舊的山水平洋道路街廓之外，風水元運的轉變，以及當地住民經營的特點，皆成為主要的分析對象。

自二〇〇四甲申年起，風水元運及進入所謂第八運。八運旺的包括四維坐向的房屋，例如坐東北朝西南，坐西北朝東南的建物，住家、辦公室、店面、工廠都同等受惠。一直到二〇四四年為止，有四十年的吉旺運勢。鶯歌地區這些坐向的房子還特別多。

一位林先生來自雲林斗南鄉村，北上創業開工廠，設址於鶯歌大湖路的工業區內，二〇〇三年生的一場病，本想關廠返鄉；撐過去之後，隔年起訂單增多，二〇〇七年增建住家於廠區，工作居所都在一處。迄今四年多，一帆風順，而該工廠即為坐東北朝西南。

和樹林、新莊相像，區內工廠較多，因此有不少建商在工業地上造屋出售，即人稱之「工業住家」，中和區內也很常見。有人質疑這種房子住起來會旺嗎？實務上看來，只是法律上水電費稅捐不同而已，其形勢格局旺衰，和一般公寓大樓根本沒有差別，風水吉凶一體適用。

由於此區地價尚未揚升，透天厝大可廣為興建，頂天立地，百坪店面公寓或純住家，總價也不過北市之半。一旦未來捷運通車，這些店家身價勢必大漲。風水的定律是，聚人氣必能聚財氣；市集區段加上住民和進出捷運站的人們，勢將帶來較大範圍的繁榮面。

從一個傳統的工業小城即將蛻變成具備觀光特色的小而美的工藝鎮，對原有住民和自外移入者而言，都是利多。新北市的三環三線交通網絡，連結許多僻遠聚落，改變舊有的風水形局，帶來繁榮的契機，功不可沒。至於鶯歌舊傳說的種種，對於現實生活的富貴窮通和吉凶浮沉，其影響接近於無。

86

金山萬里好山好水忒多

附近有山者，宜選背山之宅；周遭有溪流者，以擇面水之屋。山水都不宜太近，至少卅公尺、五十公尺以上才適合。否則山水之畔蚊蟲氣味交侵，住了才知麻煩多，故宜保持距離，納其氣不必近其形。

隨著旅遊休憩活動的普及，以及交通建設的通暢，新北市幾處山隈水涯風景區，都成為遊客的最愛。靠山也好近水也好，有景致、有飲食，便能吸引人潮。區內的住民及營生者，也得以安居樂業，乃至累積財富，創造更豐足的生活。

被視為風景遊樂區，究竟適不適合居家呢？從風水角度而言，聚人氣才能聚財氣；空曠遼闊建築物稀少，當然不利居住。因此，鄰近山水之處，往往是人口外流區。鄉里子弟稍稍年長，即離鄉出外討生活。人氣既散，鄉村更乏財氣，如此循環，區里自然不旺。

倘若有較具規模的建設，較便捷的交通動線，則長期形成觀光勝地並不難。再者，現今人們重視飲饌，美食常能體現近悅遠來的佳境。以金山來說，不少名店美食，天天高朋滿座，附近商家買賣同沾財氣。例如知名的鴨肉，真是無人不曉，慕名而來者不計其數。

金山、萬里的北側東北側皆臨海，已經接近台灣島的最北方。海風向陸地吹，若建物聚落不夠密集，龍勢不夠緊紮，則有「風吹氣散」之弊，居者不旺，人口外流。故而建商在此開發建造百戶或數百戶之社區，對風水形局的改變，明顯的助益。

山管人丁水管財，金山和萬里同為山水有情的區域，自然會出現風水形勢帶來的特殊旺相。例如，許多寺廟擇定區內的吉山旺水，建造規模宏大的道場，提供修行者及信徒的需要。別小看十方善信男女往來的人潮流量，每逢法會或特定日，山道上車流擁塞，十分熱鬧。

還有更特別的是，除了宗教團體的修道場，另一種可讓長眠者安息的住所，也佔據相當重要的份量。景致佳、形局旺的山頭，納骨寶塔巍然矗立，每一幢大型的寶塔，都可容納十萬或數十萬個塔位。如此一來，年節時分進出金山萬里的，不僅有遊客，尚有廣大的塔位家屬。

高山大海和溪流，市集街路住宅區，山門道路道場納骨塔，融合自然景致和現代建設，是金山、萬里的特色。對一般選擇居住的人們，算不算好地方呢？

宅居和辦公室店面功能不同，風水要件亦自有異。簡單來說，附近有山者，宜選背山之宅；周遭有溪流，宜擇面水之屋。山水宜保持距離，不宜太近，至少三十公尺以上才適合。否則山水之畔蚊蟲氣味交侵，住了才知麻煩多。納其氣不必近其形。

社區住宅的選擇，正面宜朝向社區入口方位，換言之，正面可眺見聯外通路，則常保納氣通暢。開店者宜用街廓較長、店面相連較多家者，龍氣越長，財氣越旺。辦公室擇高層，前方納氣無阻為要。

升格為新北市，各區建設都充滿希望，尤其道路鋪設將帶來蓬勃生機和人氣。有意找個青山綠水看海景的住居，何妨到金山、萬里去挑選！靈秀之氣極旺，加上開闊的天空線，頗有益於居者之心情和健康。

87

三峽學庠遍處，文昌氣佳

書云：水來則龍來，水分則龍起，水交則龍止。龍勢綿密，能聚人氣；人氣匯集，能聚財氣。

三峽溪的大曲度，對小城的發展影響甚鉅。書云：「水來則龍來，水分則龍起，水交則龍止。」河流在市區左彎右繞，有河必有橋，橋路交接處，建物無法相連一氣。因此，街廓零碎，道路短促，要形成大住宅聚落，或繁華熱鬧商圈，都面臨地形的困阻。

幸好，三峽搭配不少形勢秀逸的山巒，高山流水的形局，涵蘊著人氣旺發的潛力。隨著風水元運的更迭，自二〇〇四甲申年起，三元九運中的第八運交進來。艮運八白星屬土，艮在八卦當中稱「艮為山」，故有山有水之處，旺相出現，且仍將持續至二〇四四年。

例如北市內湖地區，從一九八四甲子年七運旺起，但延後將近廿年才旺到現今內湖科技園區。那兒也是有山有水，同樣在堤頂大道旁有一條彎曲的大水。類似的情況，顯示三峽未來是看好的。尤其自然風水獲得許多內行人的青睞，且舉數例概略述之。

大約廿年前，某知名日系家電集團，在三峽一處山區內，建造一系列員工休閒和訓練中心。據指出當地的山水有文昌吉氣，造房舍用為專業教育訓練場所，學習效果較好。例如中信集團在林口也有類似訓練員工中心，選擇的風水形局都甚吉旺。

友人曾央筆者赴該家電集團訓練所的正對面，觀測一組高起的小台地。原定計劃是興建渡假別墅，乃因看上周遭風水好，背有靠，前有抱；由於和休閒中心正對，擔心相沖不利，故而先鑑測一番。他的期望是，藉此宅的文昌氣，讓兒子的學業突飛猛進。

另有一位原新北市板橋選出的議員，為替本姓家族建造一間祖厝，乃找到三峽一處山區，海拔已數百米高，平時氣溫低於平地，且泉水甚涼，適合養鱒魚。其規劃是在依山傍水的祖厝之畔，蓋蓄水池飼養鱒魚，既能傳家久遠，又可創造財富。

堪宅數十年，碰過最特別的，便是富人另擇風水功能別墅，而三峽居然是首選區域。從整體來看，高山和溪流的形局配合完美，大概就是雀屏中選的主因。瞧瞧三峽區內的大小學校，可謂相當密集。尤以台北大學佔地最廣且帶來的效應最大。

白雞山、長壽山、熊空山、日月洞、鹿母潭、落鷹峽等，瀑布、遊樂園，和知名的行天宮，都足以彰顯三峽自然環境和景觀的殊勝。既乾淨又優雅，亦透著神秘的氣韻，居家渡假皆甚相宜。

未來要加強的是市區道路的拓寬整建，並需要規劃新的交通動線，以免整體發展受侷限。不論山水是否橫阻在前，只要建設得宜，地方必會繁榮，住民的發展也能安定成長，畢竟大風水是好的。

建商在本區蓋了許多房屋，不論住家大樓或透天厝，都各自形成社區聚落，如此趨勢是有利的。龍勢綿密，能聚人氣；人氣匯集，能聚財氣。有意遷居三峽者，好好選一戶風水吉旺的宅第，老少安利。

88 永和小康氣象，甚宜久住

世事多變，風水旺的店家，好運終有用完之時。和人運一樣，浮沈起落。所謂風水輪流轉，下一個旺相會落在何處呢？先見之明者，往往因而致富。

幅員不大，人口不少，住屋密集；永和的特點，乃適合久居。從風水上來看，新店溪環繞西、北、東，等於永和有半邊是和溪流接壤，水氣充沛。因此，即使永和商業氣息並不濃厚，居民普遍經濟能力卻都算不差。所謂「山管人丁水管財」，若能開發臨水地區，永和必更富足。

三座橋和北市相通，從尖峰時段觀察車潮，便可清楚永和對北市的依賴。如今有捷運，交流更通暢，不過，永和的特色還保存著。當年名聞海內外的永和豆漿，是歸國華人及觀光客必訪之處，就像新加坡那家椰漿土司早餐店，歷久不衰。

然而，隨著社會風氣變遷，許多老店經營者的第二代、第三代，對於永續經營的認知不同，引發爭議，影響甚大。

世事多變，風水旺的店家，好運終有用完之時。和人運一樣，浮沈起落。所謂風水輪流轉，下一個旺相會落在何處呢？先見之明者，往往因而致富。

永和舊市區街道不大，但巷弄內臥虎藏龍，車行拐進窄小道路，往往會出現人聲鼎沸、高朋滿座的餐廳，而類似的名店，不祇一家兩家。別以為只有永和人知曉，北市食客專程訂座者比比皆是。由此觀之，似乎小街道並未妨礙永和的繁榮。

與多數城市相同，中山路、中正路都是主要幹道，沿線的房價也漲得較明顯。所謂「龍長水闊當代發」，意指區段內相對較寬闊的道路，倘若建物也已接連蓋滿，這個風水旺相必帶來繁榮財富。永和是都市化顯著的地區，大概和住民工作和生活背景有關。

公教上班族居多的住民成分，人們靠工作賺錢，而非做買賣賺差價。從業屬性的差異，各自祈求的願望也不同。生意人求發財，上班族盼升官，命理風水對這方面的分類極明確。有人做大官，命中卻無財，搞錢就出事。有人發大財，想買個官過癮，賄選便喫官司。

永和地區的大形勢恰恰如此，除了建商之外，少有大企業。發大財者不會想住永和，中產階級升斗小民，則在此安居長年。大台北地區的幾條大溪大河，若都能好好治理，至少乾淨流暢，必然足以庇蔭本區段的財氣，例如淡水即屬靠水吃水，老街旺相教人稱羨。

公園周遭房價一向較高，風水上本來也是較好。尤其面對公園綠地，住家前方有片鋪案明堂，這樣的房子，當然適合長久居住。有那公務員夫婦，中老年退休，領取終身俸，朝東看晨曦，朝西看落日，何等愜意。尤其永和有兩座大公園，附近好好規劃，終將成為高房價區段。

都市更新談何容易，永和道路不大，改頭換面無啥可能，舊屋翻建新樓比較快。基本上還維持淳樸小城的調性，不暴發，也不致衰敗，平穩乃其特點，故說小康氣象適合久居。

福和橋過來的人車，長期以來並未改變林森路、永元路、得和路、秀朗路這個生活圈的氣勢。可預期的將來也會持續如此，因此對投機投資客來說，最好別下手炒作，沒什麼暴利可圖！

89

滅除水患，汐止大有可為

住家接近山水，常有瘴癘之氣；以台灣島靈異事例和說法的普及，較荒郊的地段往往會被認為有「陰氣」。這類的指涉，影響到房價，許多房仲業務員都恨透了。依照長期堪宅的經驗言之，那類事少之又少，不足為患。

汐止市名有水，轄區相接的有內湖、南港、平溪，名皆有水，東北的基隆、五堵、七堵，更長期以水患聞名。因此，汐止給人的印象，就是濕冷多雨，遇雨必淹，洪患連連。然而事在人為，歷經幾番痛下功夫整治，汐止市已漸脫離泡水區的名單，邁向安居繁榮。

基隆河東西橫貫，蜿蜒穿過汐止市；高速公路也以幾乎平行的路線，將汐止分隔成南北兩部分。從風水上來看，空間一分為二，氣勢不連貫，城市的整體發展便會受到影響。當然，南北兩區若各自形成商圈，也足以帶動房地價格的上揚，增加住民財富。

汐止工業區面積佔了頗大的比例，故而電塔、高壓電線特別多，在居家風水方面言之，是不利的。廠辦很密集，愈密集對生產力愈有助益。這樣的工業城型態，只能演變成工商綜合商圈，依有限的規模徐圖發展。而周遭也要興建一些住宅，聚人氣才能聚財氣。

交通建設會帶來繁榮，不言可喻。國道一號和國道三號在汐止有相交會的點，此外，還有鐵道貫通市區。由於地形限制，路的兩側氣不相通，僅能求小旺，大旺不可得。前些年本市揹著淹水地區的黑燈籠，現今既已解套，憑著房價尚低的優勢，足以吸引人口流入。

汐止有山有水，水山之畔，很多山莊和小別墅社區。靠近北市東湖和南港研究院路一段，密度最大，卅年來已成為知名社區。例如伯爵山莊、瑞士山莊、堪農山莊、明園小別墅、綠野山坡、白雲山莊、迎旭山莊、雪梨山莊、研究苑、比佛利山莊等等，有成千上萬戶的居民。

當年建商在汐止大量推案，造就不少響噹噹的代銷公司，如萬家興、盛家堂、聯陽、北屋等。由於工地都在山隈水崖，買戶常有風水考量，故也勞動許多風水師前往堪宅，說凶道吉。一般而言，山坡地別墅的安全依賴基地地質的穩固與否，風水再旺再美，坡地一垮，統統沒有了。

樟樹一路、二路，福德一路、二路，都是住宅較密集的區段。由於當時推案房價不高，規劃平平而已，因此區段旺相也遲遲未顯現，十分可惜。汐萬路沿途有不少社區，但只形成小商圈；從風水角度觀之，仍數整體規劃不完備，氣勢難以凝聚。

近年台灣的購屋人，已懂得欣賞「有景」的房子，不論山景、水景或大公園景觀。汐止有基隆河穿越，何妨在沿岸規劃一系列水景高樓住宅，以豪華版推上市。只要大建商輪流投入，像新莊副都心，像大直水景第一排；大概汐止的氣勢即可向上翻升，風水大宅足以庇蔭區段繁榮。

住家接近山水，常有瘴癘之氣；以台灣島靈異事例和說法的普及，較荒郊的地段往往會被認為有「陰氣」。這類的指涉，影響到房價，許多房仲業務員都恨透了。依照長期堪宅的經驗言之，那類事少之又少，不足為患。

新北市未來的交通建設，包括捷運在內，是可預期的。以板橋新莊為例，都仰賴捷運帶來榮景，汐止或許還得再等些時日，不過，免除水患之後，硬體建設比較踏實，一切還是大有可為的。

90

板橋市旺相，緣起新板區

莫以為高架橋阻來氣，殊不知一重水來一重財，多一條高架道路，等於多一條道路，自然多一分財氣。

北台大盆地，新店溪之西，四十里幅員，五十萬住民，六十年太平民治，簇擁出新版特區。府衙鎮衛，氣象萬千，樓群圍拱，光華四射。巷路縱橫，美廈連雲，板橋旺相，盡粹於此。

以上為針對本是新版特區的風水評析。幾年前該區段推建案，個個大賣；剎時風起雲湧，紅透房市，將板橋三鐵共構的建設效應推上極高水平。連帶其他區段房、地價，也一再衝新高點。

對板橋市而言，短短幾年之中，捷運通車為第一大利多。每一處站體周遭，人厝匯集，市況熱絡。山管人丁水管財，水指人車通用之道路。挾捷運而來的財氣，給新北市的老城區注入全新活水。

高鐵從更遠的中南部帶來旺氣，南北高鐵必經，畢竟有其優勢。三鐵給板市住民無窮的希望，大眾的房地產跟著增值，是極受用的。接下來有更好的訊息，則是等待已久的升格為直轄市，名列五都之一，號稱新北市。原本人口數即佔五都之首，未來更看好；風水俗諺「聚人氣者聚財氣」。新北市轄區之內，板橋旺相最值得期待。

大漢溪和新店溪交抱，讓板橋一直維持經濟和人文的重鎮，長期為新北市四百餘萬人口的政治中心。林家花園位於板橋市的中心地帶，可惜周遭道路狹窄和短促，園林水木清華之氣不顯；倘有較佳整建規劃，則堪比擬北市大安公園，提升區段格調品味。

從北市通往板橋的幾條大道，加上捷運板南線，打通了遠至北市東區南港、松山之間的動線，財氣滾滾而來。有人從忠孝東路四段搭捷運到板橋文化路一段，為的是喫著名的油庫口蚵仔麵線。由此可知，未來板橋市的發展將成為新北市最燦爛的一顆星。

從現況來看，板橋多數地段均屬老舊，期待都市更新。倘若建物宏偉，外觀新穎，則宅氣必旺。不論住家或店面，家家都旺則社區旺，地段旺。像江翠一帶，早年有大同水上樂園和五福新村，前者營運甚佳，附近也熱鬧。事隔多年，景況不復見，只能等都更重建，風水煥然一新，聚人氣且聚財氣。

文化路、民生路交會口，早年為選戰競選大本營的重要據點；尤其新北市長寶座爭逐戰，據此處為總部者，四役皆捷。彼時歡聲動天，鋒芒萬丈，官貴文昌之氣，燦然煥發。莫以為高架橋阻來氣，殊不知一重水來一重財，多一條高架道路，等於多一條道路，自然多一分財氣。

埔墘一帶和北市以光復橋相連接，東側新店溪，仍為本區段小榮景之主要風水倚靠。三民路交會處，樓宇連雲四起，也具旺相。擇居板橋之住民，評估各區段時，切不宜忽略此處。當然，個別宅邸的格局形式也得充分考量。

比起三峽林口，板橋距北市近在咫尺，前者為新興城鎮，規劃較完整，發展較具整體性。後者舊街路巷弄狹小難以除舊布新，因此各有長短優劣。不過房價仍因距

91

松山區形局早發，旺勢穩

從風水角度觀之，龍長水闊當代發，指的是道路要更長更寬，建物要更高更新，人氣才會旺。

早年台北市都會建設首度朝東區發展，高玉樹市長規劃的南京東路和民權東路，一直往東方延伸，於是造就了松山區的早期繁榮。黃啟瑞市長在南京東路五段興建了第一批市民住宅，三層樓高的公寓，每戶廿坪左右，成為國宅最初的版本。

接下來，民生社區出現了，當時被稱為公教住宅。四層樓的公寓社區，排列整齊，巷弄平直。各戶室內方正，門有陽台進出，南北坐向居多。彼時設計保守，使用面積大，每戶只有一套衛浴。從風水上來看，這種格局的住家，肯定不漏財，居者發展自己至少是吉順的。

在那二、三十年歲月，聯合新村南京公寓，婦聯四村、五村等，出現許多後來在政商界嶄露頭角的社會俊彥。此外，那個年代也正是台灣社會儲蓄傾向最高之時；經濟發展的資金蓄積，亦有賴松山區內風水極佳的住宅聚落所庇蔭。迄今，民生社區依然是市民心目中名列前茅的選項之一。

松山區東側有基隆河由北順流而下，正北方有松山機場為屏障，更北有環山，整體形勢甚佳。區內民權、民生、南京、市民大道等東西相聯，復興、敦化、光復南北路等貫穿通暢。雖然松山機場佔去三分之一的面積，但餘地仍有許多出類拔萃的大企業，帶動經濟，造福社會。

最知名的是王永慶一手創立的台塑集團，總部位於敦化北路二〇一號，加上長庚醫院鎮守，松山區的份量已不遜於北市其他任何區段。持盈保泰四十年，談何容易！台中市的商圈旺衰變化甚大，但北市松山區持續穩定，即令天母、大直、信義紛紛崛起，這個老台北區段的旺勢依舊。

饒河夜市和五分埔，是一般庶民熟知的平價銷金窟，許多外國觀光客也聞風而來。尤其饒河夜市歷經五十年的風霜雨雪，熱鬧如昔，慈祐宮香火鼎盛，共存共榮。基隆河的水氣帶財，不能不提。且看堤頂大道外的水，也潤澤瑞光路內科園區帶動內湖旺相，即知形勢優劣乃屬天成。

位於敦化北路、民生東路口的敦北金融圈，是北市高檔的住辦混合區。廿餘年前，西華飯店北側的民生重劃區，靠麥當勞、茹絲葵、偉克商人、僑果超市等土洋夾雜的名店拱抬，成為極熱門的區段。南側的台北聯誼社、金融家俱樂部、宏碁電腦、雲門巷等等，皆為人文薈萃之地。

其中較具爭議的環亞飯店百貨，曾風光一時，終歸沒落。對角的小巨蛋崛起，西北和東南形勢互易。如今體育館內活動頻仍，人氣鼎盛。聚人氣處必聚財氣，敦化北路沿線，可謂無一處不旺財。以長庚醫院的門診人數，遠超過百貨公司，天天如此，教人驚嘆！

長期觀察，松山的發展已到一個頂點。原因是東側有河流，北側有機場，故連外道路方向受到限制。從風水角度觀之，龍長水闊當代發，指的是道路要更長更寬，建物要更高更新，人氣才會旺。現今大概只有依賴都市更新，才有可能創造新的榮景。

畢竟，民生社區那些四、五樓公寓如果都長高成為十餘層的巨廈，則松山的旺勢必持續上升。民生重劃區亦然，絕佳區段蓋五樓、七樓，居者被比下去，社區也易退落，值得一提。

92 香港地產風水談

前方開展，就風水格局而言，是極有利的，表示居者的發展，無遮無阻。至於宅前巷道狹小，或開門見高樓建物擋住，則局氣短小，發展有限。

五月上旬某日，應友人之邀，赴港堪宅。友人居住在銅鑼灣，一大片住家高樓林立。那兒的房子，三、四十層樓十分普遍。室內都在二十、三十來坪，廳房也不大，唯比起台灣來，房價實在太高。以租金言之，一千平方呎出頭（約三十坪），往往需兩萬港幣以上，合台幣八、九萬元，賣價則更是驚人。有一處，人們大排長龍地要看樣品屋的工地——「漾×屋」，參觀者絡繹不絕，一千四百呎（四十坪）訂價一千萬港幣，平均每坪要百萬元台幣。

風水方面呢？大樓群往空中發展，都是開放空間。每層總有四戶到八戶左右，室內常見極特異的平面造型。從「方正」的要求來看，沒有一戶合格。不過採光通風都好，是一大特點。

香港到處可看海，有些大樓，這面看山，那頭面海，景觀都不錯。室內狹小，往外看視野遼闊，也算是一種補償。不像台灣都會地區，處處水泥叢林；室內儘管寬大方正，但向外一瞧，常被雜亂建物遮擋，美中不足。

前方開展，就風水格局而言，是極有利的，表示居者的發展，無遮無阻。至於宅前巷道狹小，或開門見高樓建物擋住，則局氣短小，發展有限。近年有不少在市郊的工地，標榜見山、見水，都頗受歡迎。

談到賣房子，香港的地產商人，勤奮、刁鑽，比台灣的房仲業務員，尤有過之。他們碰到風水先生，由於司空見慣，總是客客氣氣，有時還講些行話。有一點不同，香港人都不拜地基主。

香港人拜土地公、拜黃大仙，卻沒人拜地基主。友人想出售銅鑼灣的房子，坐東南向西北，門開東北煞方，久居諸事不順，如今想賣也賣不掉，十分著急。筆者建議她流年財星方位—正西，備菜飯拜拜，向地基主求助，這一招，果然管用。地產商帶來兩組客戶看房子，回去之後，屋主隨即祭祀祝禱，許願若順利售出，將重重答謝。翌日，客戶回頭再來，當夜，便簽約成交。這個實例顯示，在香港拜地基主，效應依然很好，提供讀者參考。

本文曾經提及，己卯兔年，火土干支的月令，集中在上半年。大約自七月七日（小暑節氣）起，辛未、壬申、癸酉，皆金水干支月令，房市股市將漸漸冷卻下來。基於此一預測，推工地或買斷的，宜留意市場變化，以免市況急轉直下，又住進「套房」內受煎熬。

生肖屬雞或陰曆八月出生，或酉時出生者，八字地支都有「酉」字。流年己卯，卯酉相沖，動向特別明顯。搬家、出國、換工作，不動不安。有些人健康原來欠佳，經不起流年一沖，就送到醫院去了。能解沖的法子，出國、旅行、運動等，都可試試。

信義計劃區的台北金融中心，超過一百層，高度五百多公尺。這樣的超高建物，一定會對周遭的住家或辦公室，造成某種風水的效應，有吉有凶，或是吉凶參半。不論如何，今後進駐信義計劃區者，最好稍加注意，別被那座高物給「煞著了」。

93 續談香港地產風水

住家空間太小，儲蓄功能較差，亦即累積財富的速度不快。廚房小，開伙頻率較低。客廳小，影響家人團聚，居者彼此摩擦多，情感（親情）也較疏離。

不久前公布的富豪排行榜，亞洲首富仍是香港知名建商李嘉誠。緊追在後的李兆基，也是房地產大亨。由此可見，香港這幾年的房地產，獲利的空間依然不小，地狹人稠為主要的因素。目前，除了東京之外，香港的房價可為超高檔。

半山和看海的住宅，都有開展的形局，也是香港高價的地段。一層樓房，才五十坪，也要台幣五千萬以上，平均單價每坪一百萬元。

房租也貴，不到卅坪的公寓，每月租金居然要八、九萬元之譜。小公寓三房加一房（佣人房），廚房不到一坪，相當狹窄。但因建物極高（多在三、四十層以上），前方無遮阻，視野空間甚佳，補了室內擁擠的不足。

這樣的風水如何？住家空間太小，儲蓄功能較差，亦即，累積財富的速度不快。再者，廚房小，開伙頻率較低，因而外食人口眾多，香港餐飲業發達，洵非偶然。不過，客廳小，影響家人團聚，居者彼此摩擦多，情感（親情）也較疏離。

唯一的優點，如前述擁有穿透的空間，開闊的形局，對外發展是有利的。以辦公室為例，往往小小廿、卅坪的寫字樓，得以創造年收數千萬港幣的營業額。

上月第三度赴香港，為幾位友人看辦公室及住家，一處位在西環千諾道的商業大樓，坐南向北，門開正南。今年五黃煞氣臨門。連著兩批貨進口，都賠錢批出，叫苦連天。去年曾預先告知，也擺了水缸，卻很難避過。

另一處在尖沙咀附近，港威大樓內的辦公室，不到四十坪，租金港幣四萬元一個月，合台幣十六萬元以上，真貴！而坐西南向東北，門開也在右後方南側，年運欠佳，公司人事不寧，紛爭時起。

九星輪飛論吉凶，亞洲、美加地區，都有不少驗證的實例。單看五黃煞門的效應，即十分驚人。由於去年底預言種種，才數月已有跡象顯現，愛看風水的香港友人，對九星法歎服之至。

還有一位地產公司老闆，手下有幾位本領高強的業務員，租售案件成交迅速，近兩年賺不少錢。坐西南向東北的房子，門開正東，連續九紫、八白，生旺臨門，銳不可當，開旺門又逢生時，比起煞氣臨門者，不可同日而語，如此亦足見九星確有相當靈驗度。

節氣漸入小暑（陽曆七月七日起），辛未月小限值三碧木星入中宮，五黃飛正西。十月大門開在正西方位者，凡事當心，熬過及無事。宅內最好不要敲打、修造。

鬼月即將到來，年年此時，禁忌百出。入宅、婚嫁、開市、動土等，能免則免。不過，此月值驛馬星當令，遠行、旅遊是不可免，行船走馬三分險，高速路上更可怕，凡事留神為要。

國家圖書館出版品預行編目資料

盧尚大師談風水：住家形局和禍福 / 盧尚作. --
第一版. -- 臺北市 : 金大鼎文化出版有限公司,
2021.07
面； 公分. -- (人相統御學 ; 13)

ISBN 978-986-97217-8-3(平裝)

1.相宅

294.1　　110010443

人相統御學13

盧尚大師談風水
——住家形局和禍福

作　　者／盧尚
主　　編／黃萱
發 行 人／曾文龍
出 版 者／金大鼎文化出版有限公司
台北市106大安區忠孝東路4段60號8樓
網　址：http://www.bigsun.com.tw
出版登記：行政院新聞局局版北市業字第200號
郵政劃撥：18856448號／金大鼎文化出版有限公司
電　話：(02)2721-9527、(02)2777-1747
排　　版／龍虎電腦排版有限公司
電話：(02)8221-8866
經 銷 商／旭昇圖書有限公司
電話：(02)2245-1480
定　　價／平裝450元

2021年7月 第一版